*First published in Great Britain* 1987
by HARRAP Ltd
19-23 Ludgate Hill London EC4M 7PD

© *Harrap Limited 1987*

*Reprinted 1988*

ISBN 0 245-54583-2

Printed in Great Britain by
Richard Clay (The Chaucer Press) Ltd,
Bungay, Suffolk

# INTRODUCTION

This French vocabulary book has been compiled to meet the needs of those who are learning French and is particularly useful for those taking the GCSE examinations. The basic vocabulary required for this exam is fully treated in this book.

A total of over 6,000 vocabulary items divided into 64 subject areas gives a wealth of material for vocabulary building, with the words and phrases listed being totally relevant to modern French. The majority of vocabulary items are listed in thematic groupings within each section, thus enabling the user to develop a good mastery of the relevant topic.

An index of approximately 2,000 words has been built up with specific reference to GCSE exam requirements. This index is given in English with cross-references to the section of the book where the French vocabulary item is given.

This book will be an invaluable tool for success in French.

*Abbreviations used in the text:*

| | |
|---|---|
| *m* | masculine |
| *f* | feminine |
| *pl* | plural |
| *R* | registered trade mark |

Feminine and plural forms are only given if they are irregular.

# **CONTENTS**

# CONTENTS

# CONTENTS

# 1. LA DESCRIPTION DES GENS
## DESCRIBING PEOPLE

| | |
|---|---|
| être | to be |
| avoir | to have |
| avoir l'air | to look |
| sembler | to seem |
| paraître | to seem, to appear |
| peser | to weigh |
| décrire | to describe |
| assez | quite |
| plutôt | rather |
| très | very |
| trop | too |
| la description | description |
| l'apparence (f) | appearance |
| l'allure (f) | look, bearing |
| la taille | height, size |
| le poids | weight |
| les cheveux (m) | hair |
| une barbe | beard |
| une moustache | moustache |
| les yeux (m) | eyes |
| la peau | skin |
| le teint | complexion |
| un bouton | spot, pimple |
| un grain de beauté | mole, beauty spot |
| des taches de rousseur (f) | freckles |
| des rides (f) | wrinkles |
| des fossettes (f) | dimples |
| des lunettes (f) | glasses |
| jeune | young |
| vieux (vieille) | old |
| grand | tall |
| petit | small |
| de taille moyenne | of average height |
| gros(se) | fat |

| | |
|---|---|
| obèse | obese |
| maigre | thin, skinny |
| mince | thin, slim |
| musclé | muscular |
| chétif (chétive) | frail-looking |
| beau (belle) | beautiful, good-looking, handsome |
| joli | pretty |
| mignon(ne) | sweet, cute |
| laid | ugly |
| boutonneux (boutonneuse) | spotty |
| bronzé | sun-tanned |
| basané | tanned |
| pâle | pale |
| ridé | wrinkled |
| avoir les yeux ... | to have ... eyes |
|   bleus |   blue |
|   verts |   green |
|   gris |   grey |
|   marron |   brown |
|   noisette |   hazel |
|   noirs |   black |
|   gris-bleu |   grey-blue |
|   gris-vert |   grey-green |

**comment est-il/elle ?**
what's he/she like?

**pouvez-vous le/la décrire ?**
can you describe him/her?

**je mesure/fais 1 mètre 75**
I'm 1.75 metres (5 feet 9 inches) tall

**je pèse 70 kilos**
I weigh 70 kilos (11 stone)

**l'homme à la barbe blanche**
the man with the white beard

**une femme aux yeux bleus**
a woman with blue eyes

**il a de beaux yeux**
he's got beautiful eyes

**il a une drôle d'allure**
he looks a bit strange

*See also Sections* **2 CLOTHES, 3 HAIR AND MAKE-UP, 4 BODY, 6 HEALTH** *and* **61 DESCRIBING THINGS**

## 2. LES VÊTEMENTS ET LA MODE
CLOTHES AND FASHION

| | |
|---|---|
| s'habiller | to dress |
| se déshabiller | to undress |
| mettre | to put on |
| enlever | to take off |
| essayer | to try on |
| porter | to wear |
| aller | to suit, to fit |

## les vêtements
clothes

| | |
|---|---|
| un manteau | coat |
| un pardessus | overcoat |
| un imperméable | raincoat |
| un anorak | anorak |
| un K-way | cagoule |
| un blouson | bomber jacket, blouson |
| une veste | jacket |
| un complet veston | suit |
| un costume | suit |
| un ensemble | (lady's) suit |
| un tailleur | lady's suit |
| un smoking | dinner jacket |
| un uniforme | uniform |
| un pantalon | trousers |
| un pantalon de ski | ski pants |
| un blue-jean | jeans |
| un jean | jeans |
| une salopette | dungarees |
| un survêtement | track suit |
| un short | shorts |
| une robe | dress |
| une robe du soir | evening dress |
| une jupe | skirt |
| une mini-jupe | mini-skirt |
| une jupe-culotte | culottes |

| | |
|---|---|
| un pull(over) | jumper, sweater |
| un chandail | (heavy) jumper |
| un tricot | jumper |
| un col roulé | polo neck (jumper) |
| un gilet | waistcoat, cardigan |
| une chemise | shirt |
| un chemisier | blouse |
| une chemise de nuit | nightdress |
| un pyjama | pyjamas |
| une robe de chambre | dressing gown |
| un bikini | bikini |
| un maillot de bain | swimming costume/trunks |
| un slip | pants |
| un soutien-gorge | bra |
| un gilet de corps | vest |
| un T-shirt | T-shirt |
| une combinaison | underskirt |
| un jupon | petticoat |
| un porte-jarretelles | suspenders |
| des bas (m) | stockings |
| des collants (m) | tights |
| des chaussettes (f) | socks |
| des jambières (f) | leg warmers |
| un béret | beret |
| une casquette | cap |
| un chapeau | hat |

## les chaussures — shoes

| | |
|---|---|
| des chaussures (f) | shoes |
| des souliers (m) | shoes |
| des bottes (f) | boots |
| des bottes en caoutchouc (f) | Wellington boots |
| des chaussures montantes | ankle boots |
| des baskets (m) | trainers |
| des (chaussures de) tennis (f) | gym shoes |
| des chaussures de ski (f) | ski boots |
| des sandales (f) | sandals |
| des espadrilles (f) | espadrilles, beach shoes |
| des nu-pieds (m) | flip-flops |

| | |
|---|---|
| **des pantoufles** (*f*) | slippers |
| **une paire de** | a pair of |
| **la semelle** | sole |
| **le talon** | heel |
| **des talons plats** | flat heels |
| **des talons aiguilles** | stiletto heels |

## les accessoires

accessories

| | |
|---|---|
| **un chapeau** | hat |
| **un chapeau de paille** | straw hat |
| **un chapeau de soleil** | sun hat |
| **un bonnet** | bonnet |
| **une casquette** | cap |
| **une écharpe** | scarf |
| **un foulard** | (head)scarf |
| **des gants** (*m*) | gloves |
| **des moufles** (*f*) | mittens |
| **une cravate** | tie |
| **un nœud papillon** | bow tie |
| **des bretelles** (*f*) | braces |
| **une ceinture** | belt |
| **le col** | collar |
| **une poche** | pocket |
| **un bouton** | button |
| **des boutons de manchette** (*m*) | cufflinks |
| **une fermeture éclair** | zip |
| **des lacets** (*m*) | shoelaces |
| **un ruban** | ribbon |
| **un mouchoir** | handkerchief |
| **un parapluie** | umbrella |
| **un sac à main** | handbag |

## les bijoux

jewellery

| | |
|---|---|
| **un bijou** | jewel |
| **l'argent** (*m*) | silver |
| **l'or** (*m*) | gold |
| **une pierre précieuse** | precious stone |
| **une perle** | pearl |
| **un diamant** | diamond |

| | |
|---|---|
| une émeraude | emerald |
| un rubis | ruby |
| un saphir | sapphire |
| une bague | ring |
| des boucles d'oreille (*f*) | earrings |
| un bracelet | bracelet, bangle |
| une broche | brooch |
| un collier | necklace |
| une chaîne | chain |
| une gourmette | chain bracelet |
| un pendentif | pendant |
| une montre | watch |
| des bijoux de pacotille | cheap jewellery |
| une bague en or | gold ring |
| un collier de perles | pearl necklace |

## la taille — size

| | |
|---|---|
| petit | small |
| moyen | medium |
| grand | large |
| court | short |
| long(ue) | long |
| large | wide |
| ample | loose-fitting |
| étroit | tight (narrow) |
| juste | (too) tight |
| moulant | close-fitting, clinging |
| la taille | size, waist |
| la pointure | shoe size |
| l'encolure (*f*) | collar size |
| le tour de hanches | hip measurement |
| le tour de poitrine | bust/chest measurement |
| le tour de taille | waist measurement |
| l'entrejambe | inside leg measurement |

## les styles — style

| | |
|---|---|
| le modèle | model, design, style |
| la couleur | colour |
| la teinte | colour, shade |

| | |
|---|---|
| le motif | pattern |
| uni | plain |
| imprimé | printed |
| brodé | embroidered |
| à carreaux | check(ed) |
| à dessins géométriques | with geometric patterns |
| à fleurs | flowered, flowery |
| à plis/plissé | with pleats/pleated |
| à pois | with polka-dots, spotted |
| à rayures | striped |
| chic (*same f*) | elegant, smart |
| élégant | elegant |
| habillé | formal |
| décontracté | casual |
| négligé | sloppy |
| simple | simple, plain |
| sobre | sober |
| voyant | loud, gaudy |
| à la mode | fashionable |
| démodé | old-fashioned |
| fait sur mesure | made-to-measure |
| décolleté | low-cut, low-necked |

## la mode      fashion

| | |
|---|---|
| une collection (d'hiver) | (winter) collection |
| la confection | clothing industry |
| la couture | dressmaking |
| le prêt-à-porter | off-the-peg clothes |
| la haute couture | haute couture, high fashion |
| un couturier | fashion designer |
| une couturière | dressmaker |
| un mannequin | fashion model |
| un défilé de mode | fashion show |

**des chaussettes en coton/laine**
cotton/woollen socks

**c'est en cuir**
it's (made of) leather

**je voudrais quelque chose de moins cher**
I'd like something cheaper

**une jupe assortie à cette chemise**
a skirt matching this shirt

**quelle est votre taille ?**
what is your size?

**quelle taille/pointure faites-vous ?**
what size/size of shoes do you take?

**vous chaussez du combien ?**
what is your shoe size?

**le rouge me va mal**
red doesn't suit me

**ce pantalon vous va bien**
these trousers suit you

*See also Sections* **14 LIKES AND DISLIKES, 18 SHOPPING, 62 COLOURS** *and* **63 MATERIALS**.

## 3. LES CHEVEUX ET LE MAQUILLAGE
HAIR AND MAKE-UP

| | |
|---|---|
| coiffer | to comb |
| brosser | to brush |
| couper | to cut |
| égaliser | to trim |
| se coiffer | to do one's hair |
| se peigner | to comb one's hair |
| se brosser les cheveux | to brush one's hair |
| se teindre les cheveux | to dye one's hair |
| se teindre en blond | to dye one's hair blonde |
| se faire couper les cheveux | to have a hair-cut |
| se faire teindre les cheveux | to have one's hair dyed |
| se faire friser les cheveux | to have one's hair curled |
| se faire faire un brushing | to have a blow-dry |
| se maquiller | to put one's make-up on |
| se démaquiller | to remove one's make-up |
| se parfumer | to put on perfume |
| se vernir les ongles | to paint one's nails |
| se raser | to shave |

## la longueur des cheveux   hair length

| | |
|---|---|
| avoir les cheveux ... | to have ... hair |
| courts | short |
| longs | long |
| mi-longs | medium-length |
| ras | close-cropped |
| être chauve | to be bald |

## la couleur des cheveux   hair colour

| | |
|---|---|
| avoir les cheveux ... | to have ... hair |
| blonds | blonde/fair |
| bruns | brown |
| châtain | chestnut |

| | |
|---|---|
| noirs | black |
| roux | red/ginger |
| gris | grey |
| grisonnants | greying |
| blancs | white |
| être ... | to be ... |
| blond | blonde/fair-haired |
| brun | dark-haired |
| roux (rousse) | redheaded |

## les coiffures — hairstyles

| | |
|---|---|
| avoir les cheveux ... | to have ... hair |
| bouclés | curly |
| frisés | very curly |
| ondulés | wavy |
| raides | straight |
| fins | fine |
| épais | thick |
| teints | dyed |
| gras | greasy |
| secs | dry |
| avoir les cheveux en brosse | to have a crew-cut |
| la coupe | (hair-)cut |
| une permanente | perm |
| un brushing | blow-dry |
| une boucle | curl |
| une mèche (de cheveux) | lock (of hair) |
| des mèches | highlights |
| une frange | fringe |
| une queue de cheval | pony tail |
| un chignon | bun, chignon |
| une tresse | braid, plait |
| une natte | plait, pigtail |
| des pellicules (f) | dandruff |
| un peigne | comb |
| une brosse à cheveux | hairbrush |
| une barrette | hairslide |
| une épingle à cheveux | hairpin |
| un bigoudi | roller, curler |

| | |
|---|---|
| un fer à friser | tongs |
| une perruque | wig |
| le shampoing | shampoo |
| le gel | gel |
| la mousse | mousse |
| la laque | hair spray |

## le maquillage — make-up

| | |
|---|---|
| la beauté | beauty |
| la crème de beauté | face cream |
| la crème hydratante | moisturizing cream |
| le masque de beauté | face pack |
| la poudre | powder |
| le poudrier | compact |
| le fond de teint | foundation cream |
| le rouge à lèvres | lipstick |
| le mascara | mascara |
| le rimmel | mascara |
| le fard à paupières | eye-shadow |
| l'ombre à paupières (f) | eye-shadow |
| le vernis à ongles | nail varnish |
| le (produit) démaquillant | make-up remover |
| le dissolvant | nail varnish remover |
| le parfum | perfume |
| l'eau de toilette (f) | toilet water |
| l'eau de Cologne (f) | cologne |
| le déodorant | deodorant |

## le rasage — shaving

| | |
|---|---|
| la barbe | beard |
| la moustache | moustache |
| le rasoir | razor |
| le rasoir électrique | electric shaver |
| la lame de rasoir | razor blade |
| le blaireau | shaving brush |
| la mousse à raser | shaving foam |
| la lotion après-rasage | after-shave |
| l'after-shave (m) | after-shave |
| le baume | balm |

# 4.  LE CORPS HUMAIN
## THE HUMAN BODY

| les parties du corps | parts of the body |
|---|---|
| la tête | head |
| le cou | neck |
| la gorge | throat |
| la nuque | nape of the neck |
| une épaule | shoulder |
| la poitrine | chest, bust |
| les seins (m) | breasts |
| le ventre | stomach |
| le dos | back |
| le bras | arm |
| le coude | elbow |
| la main | hand |
| le poignet | wrist |
| le poing | fist |
| un doigt | finger |
| le petit doigt | little finger, pinkie |
| l'index (m) | index finger |
| le pouce | thumb |
| un ongle | nail |
| la taille | waist |
| la hanche | hip |
| le derrière | behind, bottom |
| les fesses (f) | buttocks |
| la jambe | leg |
| la cuisse | thigh |
| le genou | knee |
| le mollet | calf |
| la cheville | ankle |
| le pied | foot |
| le talon | heel |
| un orteil | toe |

| | |
|---|---|
| un organe | organ |
| un membre | limb |
| un muscle | muscle |
| un os | bone |
| le squelette | skeleton |
| la colonne vertébrale | spine |
| une côte | rib |
| la chair | flesh |
| la peau | skin |
| le cœur | heart |
| les poumons (m) | lungs |
| le tube digestif | digestive tract |
| l'estomac (m) | stomach |
| le foie | liver |
| les reins (m) | kidneys |
| la vessie | bladder |
| le sang | blood |
| une veine | vein |
| une artère | artery |

## la tête                    the head

| | |
|---|---|
| le crâne | skull |
| le cerveau | brain |
| les cheveux (m) | hair |
| le visage | face |
| les traits (m) | features |
| le front | forehead |
| les sourcils (m) | eyebrows |
| les cils (m) | eyelashes |
| un œil (pl les yeux) | eye |
| les paupières (f) | eyelids |
| la pupille | pupil |
| le nez | nose |
| la narine | nostril |
| la joue | cheek |
| la pommette | cheekbone |
| la mâchoire | jaw |
| la bouche | mouth |
| les lèvres (f) | lips |

| | |
|---|---|
| **la langue** | tongue |
| **une dent** | tooth |
| **une dent de lait** | milk tooth |
| **une dent de sagesse** | wisdom tooth |
| **le menton** | chin |
| **une fossette** | dimple |
| **une oreille** | ear |

*See also Sections* **6 HEALTH** *and* **7 MOVEMENTS AND GESTURES**.

# 5. COMMENT VOUS SENTEZ-VOUS ?
## HOW ARE YOU FEELING?

| | |
|---|---|
| se sentir | to feel |
| devenir | to become |
| avoir ... | to be ... |
|    chaud |    warm/hot |
|    froid |    cold |
|    faim |    hungry |
|    une faim de loup |    ravenous |
|    soif |    thirsty |
|    sommeil |    sleepy |
| en avoir marre | to be fed up |
| affamé | starving, ravenous |
| en forme | fit, on form |
| en pleine forme | very fit, on top form |
| fort | strong |
| fatigué | tired |
| épuisé | exhausted |
| léthargique | lethargic |
| faible | weak |
| fragile | frail |
| bien portant | in good health |
| en bonne santé | healthy, in good health |
| malade | sick, ill |
| éveillé | awake, alert |
| agité | agitated |
| mal réveillé | half asleep |
| endormi | asleep |
| trempé | soaked |
| gelé | frozen |
| trop | too |
| complètement | totally |

**il a l'air fatigué**
he looks tired

**je me sens faible**
I feel weak

**j'ai trop chaud**
I'm too hot

**je suis mort de faim !**
I'm starving!

**je tombe de fatigue**
I'm exhausted

**je n'en peux plus**
I've had enough

**je suis à bout de forces**
I'm worn out

*See also Section* **6 HEALTH**.

# 6. LA SANTE, LES MALADIES ET LES INFIRMITES
## HEALTH, ILLNESSES AND DISABILITIES

| | |
|---|---|
| aller … | to be … |
| bien | well |
| mal | unwell, ill |
| mieux | better |
| tomber malade | to fall ill |
| attraper | to catch |
| avoir … | to have … |
| mal à l'estomac | a sore stomach |
| mal à la tête | a headache |
| mal à la gorge | a sore throat |
| mal au dos | backache |
| mal aux oreilles | earache |
| des maux de dents | toothache |
| avoir mal au cœur | to feel sick |
| avoir le mal de mer | to be/feel seasick |
| souffrir | to be in pain |
| souffrir de | to suffer from |
| être enrhumé | to have a cold |
| être cardiaque | to have a heart condition |
| se casser la jambe/le bras | to break one's leg/arm |
| se fouler/tordre la cheville | to sprain one's ankle |
| se faire mal à la main | to hurt one's hand |
| se faire mal au dos | to hurt one's back |
| faire mal | to hurt |
| saigner | to bleed |
| vomir | to vomit |
| tousser | to cough |
| éternuer | to sneeze |
| transpirer | to sweat |
| trembler | to shake |
| frissonner | to shiver |
| avoir de la fièvre | to have a temperature |

| | |
|---|---|
| s'évanouir | to faint |
| être dans le coma | to be in a coma |
| faire une rechute | to have a relapse |
| soigner | to treat, to nurse, to tend |
| s'occuper de | to look after |
| appeler | to call |
| faire venir | to send for |
| prendre rendez-vous | to make an appointment |
| examiner | to examine |
| conseiller | to advise |
| prescrire | to prescribe |
| opérer | to operate |
| se faire opérer | to have an operation |
| être opéré des amygdales | to have one's tonsils taken out |
| radiographier | to X-ray |
| panser | to dress (*wound*) |
| avoir besoin de | to need |
| prendre | to take |
| se reposer | to rest |
| être en convalescence | to be convalescing |
| guérir | to heal, to cure, to recover |
| se remettre | to recover |
| être au régime | to be on a diet |
| maigrir | to lose weight |
| enfler | to swell |
| s'infecter | to become infected |
| empirer | to get worse |
| mourir | to die |
| malade | ill, sick |
| souffrant | unwell |
| faible | weak |
| guéri | cured |
| en bonne santé | in good health |
| vivant | alive |
| enceinte | pregnant |
| allergique à | allergic to |
| anémique | anaemic |
| épileptique | epileptic |
| diabétique | diabetic |
| constipé | constipated |

| | |
|---|---|
| douloureux (douloureuse) | painful, sore |
| contagieux (contagieuse) | contagious |
| grave | serious |
| infecté | infected |
| enflé | swollen |
| cassé | broken |
| foulé | sprained |

## les maladies — illnesses

| | |
|---|---|
| une maladie | disease |
| la douleur | pain |
| une épidémie | epidemic |
| une crise | fit, attack |
| une blessure | wound |
| une plaie | wound |
| une entorse | sprain |
| une fracture | fracture |
| le saignement | bleeding |
| la fièvre | fever, temperature |
| le hoquet | hiccups |
| un renvoi | burp |
| la toux | cough, coughing |
| le pouls | pulse |
| la température | temperature |
| la respiration | respiration, breathing |
| le sang | blood |
| le groupe sanguin | blood group |
| la pression | blood pressure |
| les règles (f) | period |
| un abcès | abscess |
| une angine | throat infection |
| une angine de poitrine | angina |
| l'appendicite (f) | appendicitis |
| l'arthrite (f) | arthritis |
| l'asthme (m) | asthma |
| une attaque | heart attack |
| un avortement | abortion |
| la bronchite | bronchitis |

| | |
|---|---|
| le cancer | cancer |
| une commotion cérébrale | concussion |
| la constipation | constipation |
| la coqueluche | whooping cough |
| une crise cardiaque | heart attack |
| une crise d'épilepsie | epileptic fit |
| une crise de foie | upset stomach |
| une cystite | cystitis |
| une dépression nerveuse | nervous breakdown |
| la diarrhée | diarrhoea |
| l'épilepsie (f) | epilepsy |
| une fausse couche | miscarriage |
| la grippe | flu |
| une hernie | hernia |
| une indigestion | indigestion |
| une infection | infection |
| une insolation | sunstroke |
| la leucémie | leukemia |
| un mal de tête | headache |
| des maux de tête (m) | headache |
| la migraine | migraine |
| les oreillons (m) | mumps |
| une pneumonie | pneumonia |
| la rage | rabies |
| les rhumatismes (m) | rheumatism |
| le rhume | cold |
| le rhume de cerveau | head cold |
| le rhume des foins | hay fever |
| la rougeole | measles |
| la rubéole | German measles |
| le SIDA | AIDS |
| la tuberculose | TB |
| la typhoïde | typhoid |
| un ulcère | ulcer |
| la varicelle | chickenpox |
| la variole | smallpox |

| **la peau** | skin complaints |
|---|---|
| une brûlure | burn |
| une coupure | cut |
| une égratignure | scratch |
| une morsure | bite |
| une piqûre d'insecte | insect bite |
| les démangeaisons (f) | itch |
| une éruption | rash |
| l'acné (m) | acne |
| des boutons (m) | spots |
| des varices (f) | varicose veins |
| une verrue | wart |
| un cor au pied | corn |
| une ampoule | blister |
| un bleu | bruise |
| une cicatrice | scar |
| un coup de soleil | sunburn |

| **les soins** | treatment |
|---|---|
| la médecine | medicine (*science*) |
| l'hygiène (f) | hygiene |
| la santé | health |
| la contraception | contraception |
| le traitement | (course of) treatment |
| les soins (m) | healthcare, treatment |
| les premiers soins (m) | first aid |
| un hôpital | hospital |
| une clinique | clinic |
| un cabinet médical | (doctor's) surgery |
| une urgence | emergency |
| une ambulance | ambulance |
| un brancard | stretcher |
| un fauteuil roulant | wheelchair |
| un plâtre | plastercast |
| des béquilles (f) | crutches |
| une opération | operation |
| une anesthésie | anaesthetic |
| une transfusion sanguine | blood transfusion |

| | |
|---|---|
| une radio(graphie) | X-ray |
| un régime | diet |
| une consultation | consultation |
| un rendez-vous | appointment |
| une ordonnance | prescription |
| la convalescence | convalescence |
| une rechute | relapse |
| la guérison | recovery |
| la mort | death |
| | |
| un médecin | doctor |
| un docteur | doctor |
| le médecin de service | duty doctor |
| un spécialiste | specialist |
| une infirmière | nurse |
| un infirmier | male nurse |
| un(e) malade | patient |

## les médicaments          medicines

| | |
|---|---|
| un médicament | medicine (*remedy*) |
| un remède | medicine (*remedy*) |
| une pharmacie | chemist's |
| les antibiotiques (*m*) | antibiotics |
| un analgésique | pain killer |
| une aspirine | aspirin |
| un calmant | tranquillizer |
| un somnifère | sleeping tablet |
| un laxatif | laxative |
| un fortifiant | tonic |
| les vitamines (*f*) | vitamins |
| un sirop pour la toux | cough mixture |
| un cachet | tablet |
| un comprimé | tablet |
| une pastille | lozenge, pastille |
| une pilule | pill |
| des gouttes (*f*) | drops |
| le désinfectant | antiseptic |
| la pommade | ointment |
| le coton hydrophile | cotton wool |

| | |
|---|---|
| un pansement | plaster, bandage, dressing |
| le sparadrap | sticking plaster |
| une serviette hygiénique | sanitary towel |
| un tampon | tampon |
| une piqûre | injection |
| un vaccin | vaccination |

## chez le dentiste

## at the dentist's

| | |
|---|---|
| un dentiste | dentist |
| un plombage | filling |
| un dentier | dentures |
| une carie | caries |
| la plaque dentaire | plaque |

## les infirmités

## disabilities

| | |
|---|---|
| handicapé | disabled |
| handicapé mental | mentally handicapped |
| mongolien | Down's syndrome |
| aveugle | blind |
| borgne | one-eyed |
| daltonien(ne) | colour-blind |
| myope | short-sighted |
| presbyte | long-sighted |
| dur d'oreille | hard of hearing |
| sourd | deaf |
| sourd(e)-muet(te) | deaf and dumb |
| infirme | crippled |
| boiteux (boiteuse) | lame |
| un(e) handicapé(e) | handicapped person |
| un handicapé mental | mentally handicapped person |
| un(e) aveugle | blind person |
| un(e) infirme | disabled person |
| une canne | stick |
| un fauteuil roulant | wheelchair |
| un appareil acoustique | hearing aid |
| des lunettes (f) | glasses |
| des lentilles de contact (f) | contact lenses |

**comment vous sentez-vous ?**
how are you feeling?

**je ne me sens pas très bien**
I don't feel very well

**j'ai envie de vomir**
I feel sick

**j'ai la tête qui tourne**
I feel dizzy

**où avez-vous mal ?**
where does it hurt?

**ce n'est rien de grave**
it's nothing serious

**j'ai pris ma température**
I took my temperature

**il a 38 de fièvre**
he's got a temperature of 101

**elle s'est fait opérer de l'œil**
she had an eye operation

**avez-vous quelque chose contre … ?**
have you got anything for …?

*See also Section* **4 BODY**.

# 7. LES MOUVEMENTS ET LES GESTES
MOVEMENTS AND GESTURES

| les allées et venues | comings and goings |
|---|---|
| aller | to go |
| aller voir | to go and see |
| aller chercher | to go and get, to fetch |
| apparaître | to appear |
| arriver | to arrive |
| boiter | to limp |
| continuer | to continue, to go on |
| courir | to run |
| dépasser | to pass |
| descendre | to go/come down(stairs) |
| descendre de | to get off (*train, bus etc*) |
| disparaître | to disappear |
| entrer dans | to go/come in(to) |
| être figé sur place | to be rooted to the spot |
| faire les cent pas | to pace up and down |
| faire une promenade | to go for a walk |
| foncer | to belt along |
| glisser | to slide (along) |
| marcher | to walk |
| marcher à reculons | to walk backwards |
| monter | to go up(stairs) |
| monter dans | to get on (*train, bus etc*) |
| partir | to go away |
| partir en hâte/vitesse | to rush away |
| passer (devant) | to go past |
| passer par | to go through |
| reculer | to move back |
| redescendre | to go back down |
| remonter | to go back up |
| repartir | to set off again |

| | |
|---|---|
| rentrer | to go/come back (in/home) |
| ressortir | to go/come back out |
| rester | to stay, to remain |
| retourner | to return |
| revenir | to come back |
| sautiller | to hop |
| sauter | to jump |
| s'approcher (de) | to go/come near |
| s'arrêter | to stop |
| se balader | to go for a stroll |
| se cacher | to hide |
| se coucher | to lie down |
| se dépêcher | to hurry |
| s'en aller | to go away |
| se mettre en route | to set off |
| se promener | to have/go for a walk |
| sortir (de) | to come/go out (of) |
| suivre | to follow |
| surgir | to appear suddenly |
| tituber | to stagger |
| traîner | to dawdle, to hang around |
| traverser | to cross, to go through |
| trébucher | to trip |
| venir | to come |
| | |
| l'arrivée (f) | arrival |
| le départ | departure |
| le début | beginning |
| la fin | end |
| l'entrée (f) | entrance |
| la sortie | exit, way out |
| le retour | return |
| la traversée | crossing |
| une promenade | walk |
| une balade | walk, stroll |
| la marche | walking |
| la démarche | way of walking |
| un pas | step |
| le repos | rest |
| le saut | jump, jumping |
| le sursaut | start |

| | |
|---|---|
| pas à pas | step by step |
| à pas feutrés/de loup | stealthily |
| au pas de course | at a trot, at a run |

## les actions

## actions

| | |
|---|---|
| attraper | to catch |
| baisser | to lower, to pull down |
| bouger | to move |
| cacher | to hide (*something*) |
| commencer | to start |
| enlever | to remove |
| fermer | to close |
| finir | to finish |
| frapper | to hit, to knock |
| garder | to keep |
| jeter | to throw (away) |
| lancer | to throw |
| lever | to lift, to raise |
| mettre | to put |
| ouvrir | to open |
| poser | to put down, to place |
| pousser | to push |
| prendre | to take |
| recommencer | to start again |
| s'accouder à | to lean on (*with elbows*) |
| s'accroupir | to squat down |
| s'agenouiller | to kneel down |
| s'allonger | to lie down, to stretch out |
| s'appuyer (contre/sur) | to lean (against/on) |
| s'asseoir | to sit down |
| se baisser | to stoop |
| se lever | to get/stand up |
| se pencher (sur) | to lean (over) |
| se reposer | to (have a) rest |
| se retourner | to turn round |
| serrer | to squeeze, to hold tight |
| sursauter | to give a start, to jump |
| tenir | to hold |

| | |
|---|---|
| **tenir bon** | to hold tight, to hang on |
| **tirer** | to pull |
| **toucher** | to touch |
| **traîner** | to drag |

## les positions

### postures

| | |
|---|---|
| **accroupi** | squatting |
| **accoudé** | leaning on one's elbows |
| **agenouillé** | kneeling |
| **à genoux** | on one's knees |
| **allongé** | lying down |
| **à plat ventre** | lying face-down |
| **appuyé (sur/contre)** | leaning (on/against) |
| **à quatre pattes** | on all fours |
| **assis** | sitting, seated |
| **couché** | lying down, in bed |
| **debout** | standing |
| **étendu** | lying stretched out |
| **penché** | leaning |
| **suspendu** | hanging |
| **immobile** | still |

## les gestes

### gestures

| | |
|---|---|
| **baisser les yeux** | to look down, to lower one's eyes |
| **cligner des yeux** | to blink |
| **donner un coup de pied** | to kick |
| **donner un coup de poing** | to punch |
| **donner une gifle** | to slap |
| **faire un clin d'œil** | to wink |
| **faire un geste (de)** | to gesture (with) |
| **faire une grimace** | to make a face |
| **faire un signe** | to make a sign |
| **faire un signe de la main** | to signal with one's hand |
| **faire un signe de tête** | to signal with one's head |
| **froncer les sourcils** | to frown |
| **hausser les épaules** | to shrug (one's shoulders) |

| | |
|---|---|
| hocher la tête | to nod |
| jeter un coup d'œil | to (cast a) glance |
| lever les yeux | to look up, to raise one's eyes |
| montrer du doigt | to point at |
| rire | to laugh |
| secouer la tête | to shake one's head |
| sourire | to smile |
| un bâillement | yawn |
| un clin d'œil | wink |
| un coup d'œil | glance |
| un coup de pied | kick |
| un coup de poing | punch |
| un geste | gesture |
| une gifle | slap |
| une grimace | grimace |
| un mouvement | movement |
| un rire | laugh |
| un signe | sign, signal, gesture |
| un sourire | smile |

**on y est allé en voiture**
we went there by car

**je vais au collège à pied**
I walk to school

**il est descendu en courant**
he ran downstairs

**je suis sorti en courant**
I ran out

**elle a traversé la rue en courant**
she ran across the street

**il sera de retour demain**
he'll be back tomorrow

## le nom

| | name |
|---|---|
| nommer | to name |
| baptiser | to christen, to call |
| s'appeler | to be called |
| se nommer | to be called |
| surnommer | to give a nickname to |
| signer | to sign |
| épeler | to spell |

| | |
|---|---|
| l'identité (f) | identity |
| la signature | signature |
| le nom | name |
| le nom de famille | surname |
| le prénom | first name |
| le nom de jeune fille | maiden name |
| le surnom | nickname |
| le petit nom | pet name |
| les initiales (f) | initials |

| | |
|---|---|
| Monsieur (M) Martin | Mister (Mr) Martin |
| Madame (Mme) Lavigne | Mrs Lavigne |
| Mademoiselle (Mlle) Pot | Miss Pot |
| Messieurs | gentlemen |
| Mesdames | ladies |
| Mesdemoiselles | young ladies |

## le sexe — sex

| | |
|---|---|
| une femme | woman |
| une dame | lady |
| une fille | girl |
| un homme | man |
| un monsieur | gentleman |
| un garçon | boy |

| | |
|---|---|
| masculin | masculine |
| féminin | feminine |
| mâle | male |
| femelle | female |

## l'état civil — marital status

| | |
|---|---|
| naître | to be born |
| vivre | to live |
| exister | to exist |
| mourir | to die |
| épouser | to marry |
| se marier (avec) | to get married, to marry |
| se fiancer | to get engaged |
| divorcer | to get a divorce |
| rompre ses fiançailles | to break off one's engagement |
| célibataire | single |
| marié | married |
| fiancé | engaged |
| divorcé | divorced |
| séparé | separated |
| veuf (veuve) | widowed |
| orphelin | orphaned |
| un célibataire | bachelor |
| une vieille fille | old maid, spinster |
| un vieux garçon | old bachelor |
| l'époux (m) | husband |
| l'épouse (f) | wife |
| la femme | wife |
| le mari | husband |
| l'ex-mari | ex-husband |
| l'ex-femme | ex-wife |
| le fiancé | fiancé |
| la fiancée | fiancée |
| le marié | bridegroom |
| la mariée | bride |
| les jeunes mariés (m) | newly-weds |
| un couple | couple |

| un veuf | widower |
| une veuve | widow |
| un orphelin | orphan (*male*) |
| une orpheline | orphan (*female*) |
| une cérémonie | ceremony |
| la naissance | birth |
| un baptême | christening |
| la mort | death |
| un enterrement | funeral |
| un mariage | wedding |
| les fiançailles (*f*) | engagement |
| un divorce | divorce |

## l'adresse — address

| habiter | to live (*in a place*) |
| loger | to live (*in a house etc*) |
| louer | to rent, to let |
| partager | to share |

| l'adresse (*f*) | address |
| le domicile | place of residence |
| le lieu | place |
| l'étage (*m*) | floor, storey |
| le code postal | postcode |
| le numéro | number |
| un annuaire | telephone directory |
| un propriétaire | owner, landlord |
| un locataire | tenant |
| un voisin | neighbour |

| chez | at/to the house of, at/to somebody's |

| en ville | in/to town |
| en banlieue | in the suburbs |
| à la campagne | in the country |

| **la religion** | religion |
|---|---|
| catholique | Catholic |
| protestant | Protestant |
| anglican | Anglican |
| musulman | Muslim |
| juif (juïve) | Jewish |
| athée | atheist |

**comment t'appelles-tu/vous appelez-vous ?**
what is your name?

**je m'appelle Claude Lavigne**
my name is Claude Lavigne

**il s'appelle Raymond**
his name is Raymond

**où habites-tu/habitez-vous ?**
where do you live?

**j'habite à Paris/en France**
I live in Paris/in France

**c'est au troisième étage**
it's on the third floor

**j'habite rue Pasteur/au 27, rue de la Paix**
I live in rue Pasteur/at 27, rue de la Paix

**j'habite ici depuis un an**
I've been living here for a year

**je vis chez Claude**
I'm living at Claude's

*See also Section* **29 FAMILY AND FRIENDS**.

# 9. L'AGE
## AGE

| | |
|---|---|
| jeune | young |
| vieux (vieille) | old |
| l'âge (m) | age |
| la naissance | birth |
| la vie | life |
| la jeunesse | youth |
| l'adolescence (f) | adolescence |
| la vieillesse | old age |
| le troisième âge | old age |
| la date de naissance | date of birth |
| un anniversaire | birthday |
| un bébé | baby |
| un(e) enfant | child |
| un(e) adolescent(e) | teenager |
| un adulte | adult |
| les grandes personnes (f) | grown-ups |
| un jeune | young person |
| les jeunes (m) | young people |
| une jeune femme | young woman |
| une jeune fille | girl |
| un jeune homme | young man |
| une personne âgée | old person |
| une vieille femme | old woman |
| un vieil homme | old man |
| les vieillards (m) | old people |

**quel âge as-tu ?**
how old are you?

**j'ai vingt ans**
I'm 20 years old

**quelle est ta date de naissance ?**
when were you born?

**le premier mars 1960**
on the first of March 1960

**en quelle année êtes-vous né(e) ?**
what year were you born in?

**je suis né(e) à Marseille en 1968**
I was born in Marseilles in 1968

**un bébé d'un mois**
a one-month old baby

**un enfant de huit ans**
an eight year old child

**une fille de seize ans**
a sixteen year old girl

**une femme d'une trentaine d'années**
a woman of about thirty

**un homme d'un certain âge**
a middle-aged man

**une personne du troisième âge**
an elderly person

# 10. LES METIERS ET LE TRAVAIL
## JOBS AND WORK

| | |
|---|---|
| travailler | to work |
| avoir l'intention de | to intend to |
| devenir | to become |
| s'intéresser à | to be interested in |
| faire des études | to study |
| faire/suivre une formation | to go on a training course |
| avoir de l'ambition | to be ambitious |
| avoir de l'expérience | to have experience |
| manquer d'expérience | to have no experience |
| être sans emploi | to be unemployed |
| être chômeur/chômeuse | to be unemployed |
| être au/en chômage | to be unemployed |
| chercher un emploi | to look for work |
| faire une demande d'emploi | to apply for a job |
| refuser | to reject |
| accepter | to accept |
| engager | to take on |
| embaucher | to take on |
| trouver un emploi/du travail | to find a job |
| réussir | to be successful |
| gagner | to earn |
| gagner sa vie | to earn a living |
| toucher | to earn, to get |
| payer | to pay |
| prendre des vacances | to take a holiday |
| prendre un jour de congé | to take a day off |
| licencier | to lay off |
| renvoyer | to dismiss |
| démissionner | to resign |
| quitter | to leave |
| prendre sa retraite | to retire |
| être en grève | to be on strike |
| se mettre en grève | to go on strike, to strike |

| | |
|---|---|
| difficile | difficult |
| facile | easy |
| intéressant | interesting |
| passionnant | exciting |
| ennuyeux (ennuyeuse) | boring |
| dangereux (dangereuse) | dangerous |
| important | important |
| utile | useful |
| social | social |

## les travailleurs

## people at work

| | |
|---|---|
| un acteur, une actrice | actor/actress |
| un agent de police, une femme agent (de police) | policeman/woman |
| un agriculteur | farmer |
| un ambulancier | ambulance man |
| un architecte | architect (*male and female*) |
| un(e) artiste | artist |
| un(e) assistant(e) social(e) | social worker |
| un(e) astronaute | astronaut |
| un astronome | astronomer (*male and female*) |
| un(e) avocat(e) | lawyer |
| un berger, une bergère | shepherd(ess) |
| un bijoutier, une bijoutière | jeweller |
| une bonne | maid |
| un boucher, une bouchère | butcher |
| un boulanger, une boulangère | baker |
| un cadre, une femme cadre | executive/woman executive |
| un cadre supérieur | senior executive (*male and female*) |
| un camionneur | lorry driver |
| un chanteur, une chanteuse | singer |
| un charpentier | carpenter |
| un chauffeur de taxi | taxi driver (*male and female*) |
| un chauffeur d'autobus | bus driver (*male and female*) |
| un chirurgien | surgeon (*male and female*) |
| un coiffeur, une coiffeuse | hairdresser |
| un(e) comédien(ne) | actor/actress, comedian |
| un(e) commerçant(e) | shopkeeper |

| | |
|---|---|
| un(e) comptable | accountant |
| un(e) concierge | caretaker, janitor |
| un conducteur | driver |
| un conseiller, une conseillère | counsellor, adviser |
| un conseiller d'orientation | careers adviser |
| un contremaître, une contremaîtresse | foreman/woman |
| un contrôleur, une contrôleuse | (ticket) inspector, conductor |
| un cordonnier, une cordonnière | cobbler |
| un couturier, une couturière | dressmaker, fashion designer |
| un cuisinier, une cuisinière | cook |
| un curé | priest |
| une (sténo-)dactylo | (shorthand-)typist |
| un décorateur, une décoratrice | (interior) decorator |
| un déménageur | removal man |
| un dentiste | dentist (*male and female*) |
| un dessinateur, une dessinatrice | graphic artist, cartoonist |
| un directeur, une directrice | manager, director, headteacher |
| un docteur | doctor (*male and female*) |
| un douanier, une douanière | customs officer |
| un éboueur | dustman |
| un écrivain | writer (*male and female*) |
| un(e) électricien(ne) | electrician |
| un(e) employé(e) | employee |
| un(e) employé(e) de banque | bank clerk |
| un(e) employé(e) de bureau | office worker |
| un(e) enseignant(e) | teacher |
| un épicier, une épicière | grocer |
| un(e) étudiant(e) | student |
| un facteur, une femme facteur | postman/woman |
| une femme d'affaires | businesswoman |
| une femme de chambre | chambermaid |
| une femme de ménage | cleaner |
| un fermier, une fermière | farmer |
| un(e) fleuriste | florist |

| | |
|---|---|
| un(e) fonctionnaire | civil servant |
| un(e) garagiste | garage owner, garage mechanic |
| un garçon de café | waiter |
| un gendarme | policeman (*in countryside or small town*) |
| un(e) guide de tourisme | tourist guide |
| un homme d'affaires | businessman |
| un homme politique | politician |
| un horloger, une horlogère | watchmaker |
| une hôtesse de l'air | air hostess |
| un infirmier, une infirmière | nurse |
| un ingénieur | engineer (*male and female*) |
| un(e) interprète | interpreter |
| un jardinier, une jardinière | gardener |
| une jardinière d'enfants | kindergarten teacher |
| un(e) journaliste | journalist |
| un juge | judge (*male and female*) |
| un(e) libraire | bookseller |
| un livreur | delivery man |
| un maçon | builder, bricklayer |
| un(e) maître(sse) d'école | primary school teacher |
| un mannequin | model (*male and female*) |
| un manœuvre | labourer, unskilled worker |
| un(e) marchand(e) | shopkeeper, merchant, dealer |
| un(e) marchand(e) de journaux | newsagent |
| un(e) marchand(e) de meubles | furniture dealer |
| un marin | sailor |
| un matelot | sailor |
| un(e) mécanicien(ne) | mechanic |
| un médecin | doctor (*male and female*) |
| un militaire | serviceman |
| un mineur | miner |
| un moine | monk |
| un moniteur, une monitrice | instructor |
| une nurse | nanny |
| un officier | (army) officer |
| une ouvreuse | usherette |
| un ouvrier, une ouvrière | (factory) worker |
| un ouvrier spécialisé (OS) | semi-skiller worker |
| un pasteur | minister |

| | |
|---|---|
| un pâtissier, une pâtissière | confectioner, pastrycook |
| un(e) patron(ne) | owner, manager, boss |
| un pêcheur, une pêcheuse | fisherman/woman |
| un peintre | painter (*male and female*) |
| un peintre en bâtiment | painter and decorator (*male and female*) |
| un(e) pharmacien(ne) | chemist, pharmacist |
| un(e) photographe | photographer |
| un(e) physicien(ne) | physicist |
| un pilote | pilot |
| un plombier | plumber |
| un poissonnier, une poissonnière | fishmonger |
| un pompier | fireman |
| un présentateur, une présentatrice | presenter, newsreader |
| un prêtre | priest |
| un professeur | teacher, lecturer (*male and female*) |
| un psychiatre | psychiatrist (*male and female*) |
| un(e) psychologue | psychologist |
| un(e) réceptionniste | receptionist |
| une religieuse | nun |
| un reporter | reporter (*male and female*) |
| un(e) représentant(e) (de commerce) | sales representative |
| un savant | scientist, scholar (*male and female*) |
| un(e) secrétaire | secretary |
| un serveur, une serveuse | waiter/waitress |
| un serviteur | servant |
| un soldat | soldier |
| une speakerine | TV announcer (*female*) |
| un(e) standardiste | switchboard operator |
| une sténodactylo | shorthand-typist |
| un steward | steward |
| un tailleur | tailor |
| un(e) technicien(ne) | technician |
| un traducteur, une traductrice | translator |

| | |
|---|---|
| une vedette | star (*male and female*) |
| un vendeur, une vendeuse | shop assistant, salesperson |
| un vétérinaire | veterinary surgeon (*male and female*) |

## le monde du travail    the world of work

| | |
|---|---|
| un travailleur, une travailleuse | worker |
| un chômeur, une chômeuse | unemployed person |
| un demandeur/une demandeuse d'emploi | person seeking work |
| un employeur | employer |
| un(e) patron(ne) | boss |
| le patronat | employers |
| la direction | management |
| le personnel | staff, personnel |
| un(e) collègue | colleague |
| un(e) apprenti(e) | trainee, apprentice |
| un(e) stagiaire | trainee |
| un(e) gréviste | striker |
| un(e) retraité(e) | retired person, pensioner |
| un(e) syndicaliste | trade unionist |
| l'avenir (*m*) | the future |
| une carrière | career |
| une profession | profession, occupation |
| un métier | job, trade (*learnt*) |
| un métier d'avenir | job with good prospects |
| les débouchés (*m*) | openings |
| une situation | post, job |
| un poste | post, job |
| un stage (de formation) | training course |
| un apprentissage | apprenticeship |
| la formation | training |
| la formation permanente | continuing education |
| un diplôme | qualification, degree, diploma |
| un certificat | certificate, diploma |
| une licence | degree |
| un emploi | job, employment |
| un emploi temporaire | temporary job |
| un emploi à mi-temps | part-time job |

| | |
|---|---|
| un emploi à plein temps | full-time job |
| le secteur | sector |
| la recherche | research |
| l'informatique (f) | computer science |
| les affaires (f) | business |
| le commerce | trade |
| l'industrie (f) | industry |
| une entreprise | company |
| une société | company |
| un bureau | office |
| une usine | factory |
| un atelier | workshop |
| un magasin | shop |
| un laboratoire | laboratory |
| le travail | work, job |
| les vacances (f) | holidays |
| les congés (m) | holidays, leave |
| un congé-maladie | sick-leave |
| les congés payés (m) | paid holiday |
| un contrat (de travail) | contract of employment |
| une demande d'emploi | job application |
| un formulaire | form |
| une annonce | ad |
| les offres d'emploi (f) | situations vacant |
| une entrevue | interview |
| le salaire | salary, wages |
| la paye | pay, wages |
| le traitement | salary |
| la sécurité sociale | social security |
| l'horaire à la carte (m) | flexitime |
| la semaine de 40 heures | forty hour week |
| les impôts (m) | taxes |
| une augmentation | pay rise |
| un voyage d'affaires | business trip |
| une réunion | meeting |
| le licenciement (économique) | redundancy (for economic reasons) |
| la retraite | pension |
| un syndicat | trade union |
| une grève | strike |

**que fait-il/elle dans la vie ?**
what does he/she do for a living?

**il est médecin**
he's a doctor

**elle est architecte**
she's an architect

**qu'aimeriez-vous faire plus tard ?**
what would you like to do for a living?

**quels sont vos projets d'avenir ?**
what are your plans for the future?

**j'aimerais être artiste**
I'd like to be an artist

**j'ai l'intention de faire des études de médecine**
I intend to study medicine

**ce qui compte le plus pour moi, c'est le salaire/le temps
libre**
what matters most for me is the pay/free time

**ce qui m'intéresse le plus, c'est le théâtre**
what I'm most interested in is the theatre

# 11. LE CARACTERE ET LE COMPORTEMENT
## CHARACTER AND BEHAVIOUR

| | |
|---|---|
| se comporter | to behave |
| se conduire | to behave |
| se dominer | to control oneself |
| obéir à | to obey |
| désobéir à | to disobey |
| permettre | to allow |
| laisser | to let |
| empêcher | to prevent |
| interdire | to forbid |
| désapprouver | to disapprove |
| gronder | to scold |
| se faire gronder | to be told off |
| se fâcher | to get angry |
| s'excuser | to apologise |
| pardonner | to forgive |
| punir | to punish |
| récompenser | to reward |
| oser | to dare |
| insulter | to insult |
| l'arrogance (f) | arrogance |
| la bonté | goodness, kindness |
| le caractère | character |
| le charme | charm |
| le comportement | behaviour |
| la conduite | behaviour |
| la cruauté | cruelty |
| l'embarras (m) | embarrassment |
| l'envie (f) | envy |
| l'étourderie (f) | heedlessness |
| une excuse | excuse |
| des excuses | apology, apologies |
| la fierté | pride |
| la folie | folly, madness |

| | |
|---|---|
| **la gaieté** | cheerfulness |
| **la gentillesse** | kindness |
| **la grossièreté** | coarseness |
| **l'habileté** (f) | skilfulness |
| **l'honnêteté** (f) | honesty |
| **l'humanité** (f) | humanity |
| **l'humeur** (f) | mood |
| **l'humour** (m) | humour |
| **l'impatience** (f) | impatience |
| **l'impolitesse** (f) | rudeness |
| **l'insolence** (f) | insolence |
| **l'instinct** (m) | instinct |
| **l'intelligence** (f) | intelligence |
| **l'intolérance** (f) | intolerance |
| **la jalousie** | jealousy |
| **la joie** | joy, delight |
| **la malice** | mischief, spite |
| **la méchanceté** | nastiness, naughtiness |
| **l'obéissance** (f) | obedience |
| **l'orgueil** (m) | pride |
| **la paresse** | laziness |
| **la patience** | patience |
| **la permission** | permission |
| **la politesse** | politeness |
| **la possessivité** | possessiveness |
| **la prudence** | caution |
| **une punition** | punishment |
| **une récompense** | reward |
| **une réprimande** | telling-off |
| **la ruse** | craftiness, trick |
| **la sagesse** | good behaviour, wisdom |
| **la timidité** | shyness, timidity |
| **la tristesse** | sadness |
| **la vanité** | vanity |
| **la vantardise** | boastfulness |
| | |
| **actif (active)** | active |
| **affectueux (affectueuse)** | affectionate |
| **agréable** | nice, pleasant |
| **aimable** | kind, nice |

| | |
|---|---|
| **amical** | friendly |
| **amusant** | amusing |
| **appliqué** | industrious |
| **arrogant** | arrogant |
| **astucieux (astucieuse)** | astute |
| **avisé** | shrewd |
| **bavard** | talkative |
| **bête** | silly, stupid |
| **bizarre** | strange |
| **bon(ne)** | good |
| **brave** | good, decent |
| **calme** | quiet, calm |
| **charmant** | charming |
| **content** | glad, pleased |
| **coquin** | mischievous, naughty |
| **courageux (courageuse)** | courageous |
| **cruel(le)** | cruel |
| **curieux (curieuse)** | curious |
| **désobéissant** | disobedient |
| **désolé** | sorry |
| **désordonné** | untidy |
| **discret (discrète)** | discreet |
| **distrait** | absent-minded |
| **drôle** | funny |
| **effronté** | cheeky |
| **embarrassé** | embarrassed |
| **ennuyeux (ennuyeuse)** | troublesome, boring |
| **envieux (envieuse)** | envious |
| **espiègle** | mischievous |
| **étourdi** | scatterbrained |
| **étrange** | strange |
| **fâché** | angry |
| **fier (fière)** | proud |
| **formidable** | terrific |
| **fou (folle)** | mad |
| **gai** | cheerful |
| **gêné** | embarrassed |
| **gentil(le)** | kind, nice |
| **grossier (grossière)** | rude, coarse |
| **habile** | skilful |

| | |
|---|---|
| heureux (heureuse) | happy |
| honnête | honest |
| idiot | stupid |
| impatient | impatient |
| impoli | rude |
| impulsif (impulsive) | impulsive |
| inadmissible | inadmissible |
| indifférent | indifferent |
| insolent | insolent |
| instinctif (instinctive) | instinctive |
| intelligent | intelligent |
| intolérant | intolerant |
| jaloux (jalouse) | jealous |
| joyeux (joyeuse) | joyful, cheerful |
| maladroit | clumsy |
| malheureux (malheureuse) | unhappy |
| malicieux (malicieuse) | mischievous |
| mauvais | bad |
| méchant | nasty, naughty |
| modeste | modest |
| naïf (naïve) | naïve |
| naturel(le) | natural |
| obéissant | obedient |
| obstiné | stubborn |
| optimiste | optimistic |
| orgueilleux (orgueilleuse) | proud |
| paresseux (paresseuse) | lazy |
| patient | patient |
| pauvre | poor |
| pessimiste | pessimistic |
| poli | polite |
| possessif (possessive) | possessive |
| prudent | cautious, careful |
| raisonnable | sensible, reasonable |
| respectable | respectable |
| respectueux (respectueuse) | respectful |
| rusé | wily |
| sauvage | unsociable |
| sage | good (*child*), wise |
| sensationnel(le) | terrific |

| | |
|---|---|
| sensible | sensitive |
| sérieux (sérieuse) | serious |
| spirituel(le) | witty |
| stupide | stupid |
| sûr | sure |
| surprenant | surprising |
| sympathique | nice, pleasant |
| timide | shy, timid |
| tolérant | tolerant |
| triste | sad |
| vaniteux (vaniteuse) | vain |
| vantard | boastful |

**je la trouve très sympathique**
I think she's very nice

**il est de (très) bonne/mauvaise humeur**
he's in a (very) good/bad mood

**il a bon/mauvais caractère**
he is good/ill-natured

**elle a eu l'amabilité de me prêter sa voiture**
she was good enough to lend me her car

**excusez-moi de vous déranger**
I'm sorry to disturb you

**je suis (absolument) désolé**
I'm (really) sorry

**je vous présente toutes mes excuses**
I do apologise

**il s'est excusé de son insolence auprès du professeur**
he apologised to the teacher for being cheeky

## 12. LES EMOTIONS
EMOTIONS

### la colère

|  |  |
|---|---|
| se fâcher | to get angry |
| se mettre en colère | to get angry |
| être en colère | to be angry |
| être fou de rage | to be fuming |
| s'indigner | to become indignant |
| s'exciter | to get excited/worked up |
| crier | to shout |
| frapper | to hit |
| gifler | to slap (on the face) |
|  |  |
| la colère | anger |
| l'indignation (*f*) | indignation |
| la tension | tension |
| le stress | stress |
| le cri | cry, shout |
| le coup | blow |
| la gifle | slap (on the face) |
|  |  |
| fâché | annoyed, angry |
| furieux (furieuse) | furious |
| maussade | sullen |
| ennuyeux (ennuyeuse) | annoying, boring |

### la tristesse

|  |  |
|---|---|
| pleurer | to weep, to cry |
| fondre en larmes | to burst into tears |
| sangloter | to sob |
| soupirer | to sigh |
| bouleverser | to distress, to shatter |
| choquer | to shock |
| consterner | to dismay |
| décevoir | to disappoint |
| déconcerter | to disconcert |

| | |
|---|---|
| déprimer | to depress |
| désoler | to distress |
| émouvoir | to move, to affect |
| toucher | to affect, to touch |
| troubler | to disturb, to trouble |
| avoir pitié de | to take pity on |
| consoler | to comfort, to console |
| le chagrin | grief, sorrow |
| la tristesse | sadness |
| la déception | disappointment |
| la dépression | depression |
| le mal du pays | homesickness |
| la mélancolie | melancholy |
| la nostalgie | nostalgia, homesickness |
| la souffrance | suffering |
| une larme | tear |
| un sanglot | sob |
| un soupir | sigh |
| l'échec (m) | failure |
| la malchance | bad luck |
| le malheur | misfortune, bad luck |
| triste | sad |
| bouleversé | shattered |
| déçu | disappointed |
| déprimé | depressed |
| désabusé | disenchanted |
| désolé | sorry |
| ému | moved, touched |
| mélancolique | gloomy |
| morose | morose |
| navré | heartbroken |

## la peur et le souci    fear and worry

| | |
|---|---|
| avoir peur (de) | to be frightened (of) |
| craindre | to fear |
| effrayer | to frighten |
| faire peur à | to frighten |
| se faire du souci | to worry |

| | |
|---|---|
| s'inquiéter de | to worry about |
| trembler | to tremble |
| la peur | fear |
| la crainte | fear |
| l'effroi (*m*) | terror, dread |
| la frayeur | fright |
| un frisson | shiver |
| le choc | shock |
| la consternation | consternation |
| des ennuis (*m*) | trouble |
| des inquiétudes (*f*) | anxieties |
| un problème | problem |
| un souci | worry |
| craintif (craintive) | fearful |
| effrayé | afraid |
| effrayant | frightening |
| mort de peur | petrified |
| inquiet (inquiète) | worried, anxious |
| nerveux (nerveuse) | nervous |

## la joie et le bonheur — joy and happiness

| | |
|---|---|
| s'amuser | to enjoy oneself |
| se réjouir de | to be delighted about |
| rire (de) | to laugh (at) |
| éclater de rire | to burst out laughing |
| avoir le fou rire | to have the giggles |
| sourire | to smile |
| le bonheur | happiness |
| la joie | joy |
| la satisfaction | satisfaction |
| le rire | laugh |
| un éclat de rire | burst of laughter |
| des rires (*m*) | laughter |
| un sourire | smile |
| l'amour (*m*) | love |
| la chance | luck |
| le coup de foudre | love at first sight |

| | |
|---|---|
| la réussite | success |
| la surprise | surprise |
| ravi | delighted |
| content | pleased |
| heureux (heureuse) | happy |
| radieux (radieuse) | radiant |
| amoureux (amoureuse) | in love |

**il leur a fait peur**
he frightened them

**il a peur des chiens**
he's frightened of dogs

**je suis désolé d'apprendre cette nouvelle**
I'm very sorry to learn this news

**son frère lui manque**
he/she misses his/her brother

**j'ai le mal du pays**
I'm homesick

**sa réussite l'a rendu très heureux**
his success made him very happy

**elle a de la chance**
she is lucky

**il est amoureux de Marie-Agnès**
he's in love with Marie-Agnès

# 13. LES SENS
## THE SENSES

## la vue                          sight

| | |
|---|---|
| voir | to see |
| regarder | to look at, to watch |
| observer | to observe, to watch |
| examiner | to examine, to study closely |
| remarquer | to notice |
| revoir | to see again |
| entrevoir | to catch a glimpse of |
| loucher (sur) | to squint (at) |
| jeter un coup d'œil à | to glance at |
| regarder fixement | to stare at |
| regarder furtivement | to peek at |
| allumer | to switch on (the light) |
| éteindre | to switch off (the light) |
| éblouir | to dazzle |
| aveugler | to blind |
| éclairer | to light up |
| apparaître | to appear |
| disparaître | to disappear |
| réapparaître | to reappear |
| regarder la télé | to watch TV |
| observer au microscope | to observe under the microscope |

| | |
|---|---|
| la vue | sight (*sense*), view |
| le spectacle | sight (*seen*), show |
| la vision | vision |
| la couleur | colour |
| la lumière | light |
| la clarté | brightness |
| l'obscurité (*f*) | darkness |
| l'œil (*pl* yeux) | eye |
| les lunettes (*f*) | glasses |
| les lunettes de soleil (*f*) | sun glasses |
| les lentilles de contact (*f*) | contact lenses |

| | |
|---|---|
| la loupe | magnifying glass |
| les jumelles (f) | binoculars |
| le microscope | microscope |
| le téléscope | telescope |
| le braille | Braille |
| | |
| brillant | bright |
| clair | light |
| éblouissant | dazzling |
| obscur | dark |
| sombre | dark |

## l'ouïe — hearing

| | |
|---|---|
| entendre | to hear |
| écouter | to listen to |
| chuchoter | to whisper |
| chanter | to sing |
| fredonner | to hum |
| siffler | to whistle |
| bourdonner | to buzz |
| bruire | to rustle |
| grincer | to creak |
| sonner | to ring |
| tonner | to thunder |
| vrombir | to hum (*engine*) |
| assourdir | to deafen |
| se taire | to be silent |
| tendre/dresser l'oreille | to prick up one's ears |
| claquer la porte | to slam the door |
| franchir le mur du son | to break the sound barrier |
| | |
| l'ouïe (f) | hearing |
| le bruit | noise, sound |
| le son | sound |
| le vacarme | racket |
| la voix | voice |
| l'écho (m) | echo |
| le chuchotement | whisper |
| la chanson | song |
| le bourdonnement | buzzing |

| | |
|---|---|
| le crépitement | crackling |
| l'explosion (f) | explosion |
| le grincement | creaking |
| la sonnerie | ringing |
| le tonnerre | thunder |
| l'oreille (f) | ear |
| le haut-parleur | loudspeaker |
| la sonorisation | public address system |
| un interphone | intercom |
| les écouteurs (m) | earphones |
| le casque | headset |
| un walkman (R) | personal stereo |
| la radio | radio |
| la sirène | siren |
| le morse | Morse code |
| les boules Quiès (f) (R) | earplugs |
| un appareil acoustique (m) | hearing-aid |
| | |
| bruyant | noisy |
| silencieux (silencieuse) | silent |
| mélodieux (mélodieuse) | melodious |
| fort | loud |
| faible | faint |
| assourdissant | deafening |
| sourd | deaf |
| dur d'oreille | hard of hearing |

## le toucher

touch

| | |
|---|---|
| toucher | to touch |
| caresser | to stroke |
| chatouiller | to tickle |
| frotter | to rub |
| frapper | to knock, to hit |
| gratter | to scratch |
| | |
| le toucher | touch |
| le froid | cold |
| le chaud | warm |
| la caresse | stroke |
| le coup | blow |

| | |
|---|---|
| la poignée de main | handshake |
| le bout des doigts | fingertips |
| lisse | smooth |
| rugueux (rugueuse) | rough |
| doux (douce) | soft |
| dur | hard |
| chaud | hot |
| froid | cold |

## le goût — taste

| | |
|---|---|
| goûter | to taste |
| boire | to drink |
| manger | to eat |
| lécher | to lick |
| siroter | to sip |
| engloutir | to gobble up |
| savourer | to savour |
| avaler | to swallow |
| mâcher | to chew |
| saliver | to salivate |
| saler | to salt |
| sucrer | to sweeten |
| épicer | to spice |
| le goût | taste |
| la bouche | mouth |
| la langue | tongue |
| la salive | saliva |
| les papilles gustatives (f) | taste buds |
| l'appétit (m) | appetite |
| appétissant | appetizing |
| alléchant | mouth-watering |
| délicieux (délicieuse) | delicious |
| dégoûtant | horrible |
| doux (douce) | sweet |
| sucré | sweet |
| salé | salted, salty |
| acide | tart |
| aigre | sharp, sour |

| | |
|---|---|
| amer (amère) | bitter |
| rance | rancid |
| épicé | spicy, hot |
| fort | strong, hot |
| fade | tasteless |

## l'odorat                          smell

| | |
|---|---|
| sentir | to smell, to smell of |
| flairer | to scent, to detect |
| renifler | to sniff |
| puer | to stink |
| parfumer | to perfume |
| sentir bon/mauvais | to smell nice/nasty |

| | |
|---|---|
| l'odorat (*m*) | (sense of) smell |
| l'odeur (*f*) | smell |
| la senteur | scent |
| le parfum | perfume |
| l'arôme (*m*) | aroma, fragrance |
| la puanteur | stench |
| la fumée | smoke |
| le nez | nose |
| les narines (*f*) | nostrils |

| | |
|---|---|
| parfumé | fragrant, scented |
| puant | stinking |
| enfumé | smoky |
| inodore | odourless |
| nasal | nasal |

**il fait noir dans la cave**
it's dark in the cellar

**j'ai entendu l'enfant qui chantait**
I heard the child singing

**c'est lisse au toucher**
it feels soft

**cela me fait venir l'eau à la bouche**
it makes my mouth water

**ce café a un goût de savon**
this coffee tastes of soap

**ce chocolat a un drôle de goût**
this chocolate tastes funny

**ça sent bon/mauvais**
it smells good/bad

**cette pièce sent la fumée**
this room smells of smoke

**ça sent le renfermé ici**
it's stuffy in here

*See also Sections* **4 BODY**, **6 HEALTH**, **16 FOOD** *and* **62 COLOURS**.

## 14. LES GOUTS ET LES PREFERENCES
LIKES AND DISLIKES

| | |
|---|---|
| aimer | to like, to love |
| adorer | to adore |
| apprécier | to appreciate |
| chérir | to cherish |
| idolâtrer | to idolize |
| ne pas aimer | to dislike |
| détester | to hate |
| haïr | to hate |
| avoir horreur de | to hate |
| mépriser | to despise |
| rejeter | to reject |
| aimer mieux | to prefer |
| préférer | to prefer |
| choisir | to choose |
| hésiter | to hesitate |
| décider | to decide |
| comparer | to compare |
| avoir besoin de | to need |
| avoir envie de | to feel like |
| désirer | to want, to wish for |
| vouloir | to want |
| souhaiter | to wish for |
| l'amour (*m*) | love |
| le goût | taste |
| le penchant | liking |
| une aversion | strong dislike |
| la haine | hate |
| le mépris | scorn |
| le choix | choice |
| la comparaison | comparison |
| la préférence | preference |

| | |
|---|---|
| le contraire | contrary, opposite |
| le contraste | contrast |
| la différence | difference |
| la similitude | similarity |
| le besoin | need |
| le désir | wish, desire |
| l'intention (f) | intention |
| le souhait | desire |
| | |
| préféré | favourite |
| favori(te) | favourite |
| comparable (à) | comparable (to) |
| différent (de) | different (from) |
| égal | equal |
| identique (à) | identical (to) |
| pareil(le) (à) | the same (as) |
| semblable à | similar to, like |
| similaire | similar |
| | |
| comme | like |
| en comparaison de | in comparison with |
| par rapport à | in relation to |
| plus | more |
| moins | less |
| beaucoup | a lot |
| énormément | enormously, a great deal |
| beaucoup plus/moins | a lot more/less |
| bien plus/moins | quite a lot more/less |
| mieux | better |

**ce livre me/leur plaît**
I/they like this book

**le rouge est ma couleur préférée**
red is my favourite colour

**je préfère le café au thé**
I prefer coffee to tea

**j'aime mieux rester à la maison**
I'd rather stay at home

**ça me fait plaisir de vous voir**
I'm pleased to see you

**j'ai envie de sortir**
I'd like to go out

# 15. LA JOURNÉE ET LE SOMMEIL
## DAILY ROUTINE AND SLEEP

| | |
|---|---|
| se réveiller | to wake up |
| se lever | to get up |
| s'étirer | to stretch |
| bâiller | to yawn |
| être mal réveillé | to be half asleep |
| faire la grasse matinée | to have a long lie |
| dormir trop tard | to oversleep |
| | |
| ouvrir les rideaux | to open the curtains |
| ouvrir les volets | to open the shutters |
| se laver | to wash |
| faire sa toilette | to have a wash |
| se débarbouiller | to wash one's face |
| se laver les mains | to wash one's hands |
| se laver/brosser les dents | to brush one's teeth |
| se laver les cheveux | to wash one's hair |
| prendre une douche | to have a shower |
| prendre un bain | to have a bath |
| se savonner | to soap oneself down |
| se sécher | to dry oneself |
| s'essuyer les mains | to dry one's hands |
| se raser | to shave |
| aller aux toilettes | to go to the toilet |
| s'habiller | to get dressed |
| se coiffer | to comb one's hair |
| se brosser les cheveux | to brush one's hair |
| se maquiller | to put on make-up |
| mettre ses lentilles de contact | to put in one's contact lenses |
| mettre son dentier | to put in one's false teeth |
| | |
| faire son lit | to make the bed |
| allumer la radio/télévision | to switch the radio/television on |
| éteindre la radio/télévision | to switch the radio/television off |
| prendre son petit déjeuner | to have breakfast |

| | |
|---|---|
| **donner à manger au chat/chien** | to feed the cat/dog |
| **arroser les plantes** | to water the plants |
| **préparer ses affaires** | to get ready |
| **aller à l'école** | to go to school |
| **aller au bureau** | to go to the office |
| **aller travailler** | to go to work |
| **prendre le bus** | to take the bus |
| **rentrer à la maison** | to go/come home |
| **rentrer de l'école** | to come back from school |
| **rentrer du travail** | to come back from work |
| **faire ses devoirs** | to do one's homework |
| **se reposer** | to have a rest |
| **faire la sieste** | to have a nap |
| **regarder la télé(vision)** | to watch television |
| **lire** | to read |
| **jouer** | to play |
| **goûter** | to have something to eat *(after school)* |
| **dîner** | to have dinner |
| **verrouiller la porte** | to lock the door |
| **se déshabiller** | to undress |
| **fermer les rideaux** | to draw the curtains |
| **fermer les volets** | to close the shutters |
| **(aller) se coucher** | to go to bed |
| **border** | to tuck in |
| **mettre son réveil** | to set the alarm clock |
| **éteindre la lumière** | to switch the light off |
| **s'endormir** | to fall asleep |
| **dormir** | to sleep |
| **avoir des insomnies** | to suffer from insomnia |
| **passer une nuit blanche** | to have a sleepless night |

## la toilette

## washing

| | |
|---|---|
| le savon | soap |
| la serviette de toilette | towel |
| le drap de bain | bath towel |
| l'essuie-mains (*m*) | hand towel |
| le gant de toilette | flannel |
| le gant de crin | massage glove |
| une éponge | sponge |
| une brosse | brush |
| un peigne | comb |
| la brosse à dents | toothbrush |
| le dentifrice | toothpaste |
| le shampoing | shampoo |
| le bain moussant | bubble bath |
| les sels de bain (*m*) | bath salts |
| le déodorant | deodorant |
| le papier hygiénique | toilet paper |
| le sèche-cheveux | hair dryer |
| le pèse-personne | scales |

## le lit

## bed

| | |
|---|---|
| un oreiller | pillow |
| un traversin | bolster |
| un drap | sheet |
| une couverture | blanket |
| une couverture supplémentaire | extra blanket |
| une couette | continental quilt |
| un édredon | duvet |
| le matelas | mattress |
| le couvre-lit | bedspread |
| une couverture chauffante | electric blanket |
| une bouillotte | hot-water bottle |

| | |
|---|---|
| d'habitude | usually |
| le matin | in the morning |
| le soir | in the evening |
| tous les matins | every morning |
| ensuite | then |

**je mets mon réveil à sept heures**
I set my alarm clock for seven

**je ne suis pas un couche-tard ; je me couche de bonne heure**
I'm not a night owl; I go to bed early

**j'ai dormi comme un loir**
I slept like a log

*See also Sections* **16 FOOD**, **17 HOUSEWORK**, **23 MY ROOM** *and* **54 DREAMS**.

# 16. LA NOURRITURE
FOOD

| | |
|---|---|
| manger | to eat |
| boire | to drink |
| goûter | to taste |
| fumer | to smoke |

## les repas

## meals

| | |
|---|---|
| le petit déjeuner | breakfast |
| le déjeuner | lunch |
| le dîner | dinner |
| le goûter | tea (*afternoon snack*) |
| la nourriture | food |
| le pique-nique | picnic |
| le casse-croûte | snack |

## les différents plats

## courses

| | |
|---|---|
| l'entrée (f) | starter |
| les hors-d'œuvre (m) | hors d'oeuvre, appetizer |
| le plat principal | main course |
| le plat du jour | today's special (*in a restaurant*) |
| le dessert | sweet |
| le fromage | cheese |
| un sandwich | sandwich |

## les boissons

## drinks

| | |
|---|---|
| l'eau (f) | water |
| l'eau minérale (f) | mineral water |
| une eau minérale gazeuse | sparkling mineral water |
| le lait | milk |
| le lait écrémé | skimmed milk |
| un lait grenadine | milk with grenadine cordial |

| | |
|---|---|
| **le thé** | tea |
| **un thé citron** | lemon tea |
| **un thé au lait** | tea with milk |
| **le café** | coffee (*black*) |
| **un (café) crème** | white coffee |
| **un café au lait** | white coffee |
| **une infusion** | herb tea |
| **le tilleul** | lime tea |
| **la camomille** | camomile tea |
| **la verveine** | verbena tea |
| **la menthe** | mint tea |
| **un chocolat (chaud)** | hot chocolate |
| **un sirop** | cordial |
| **un jus de fruit** | fruit juice |
| **un jus de pomme** | apple juice |
| **un jus d'orange** | orange juice |
| **une orange pressée** | fresh orange juice |
| **un citron pressé** | fresh lemon juice |
| **un coca (*R*)** | coke (*R*) |
| **une limonade** | lemonade |
| **une orangeade** | orangeade |
| **une bière** | beer |
| **un panaché** | shandy |
| **le cidre** | cider |
| **le vin** | wine |
| **du vin rouge** | red wine |
| **du vin blanc** | white wine |
| **du rosé** | rosé wine |
| **du bordeaux** | claret |
| **du bourgogne** | burgundy |
| **le champagne** | champagne |
| **un blanc cassis** | white wine with blackcurrant cordial |
| **un kir** | white wine with blackcurrant liqueur |
| **un apéritif** | aperitif |
| **une liqueur** | liqueur |
| **un pastis** | aniseed-flavoured aperitif |

## les condiments et les fines herbes

## seasonings and herbs

| | |
|---|---|
| le sel | salt |
| le poivre | pepper |
| le sucre | sugar |
| la moutarde | mustard |
| le vinaigre | vinegar |
| l'huile (f) | oil |
| l'ail (m) | garlic |
| un oignon | onion |
| les épices (f) | spices |
| les fines herbes (f) | herbs |
| le persil | parsley |
| le thym | thyme |
| le basilic | basil |
| l'estragon (m) | tarragon |
| la ciboulette | chives |
| une feuille de laurier | bay leaf |
| la noix de muscade | nutmeg |
| le gingembre | ginger |
| la sauce | sauce |
| la mayonnaise | mayonnaise |
| la vinaigrette | French dressing |

## le petit déjeuner

## breakfast

| | |
|---|---|
| le pain | bread |
| le pain complet | wholemeal bread |
| la baguette | French loaf |
| les biscottes | rusks |
| une tartine | bread and butter |
| une tartine au miel | slice of bread and honey |
| du pain grillé | toast |
| le croissant | croissant |
| le beurre | butter |
| la margarine | margarine |
| la confiture | jam |
| la confiture d'orange | marmalade |
| le miel | honey |
| les corn-flakes (m) | cornflakes |

## les fruits

fruit

| | |
|---|---|
| un fruit | piece of fruit |
| une pomme | apple |
| une poire | pear |
| un abricot | apricot |
| une pêche | peach |
| une prune | plum |
| un brugnon | nectarine |
| un melon | melon |
| un ananas | pineapple |
| une banane | banana |
| une orange | orange |
| un pamplemousse | grapefruit |
| une mandarine | tangerine |
| un citron | lemon |
| une fraise | strawberry |
| une framboise | raspberry |
| une mûre | blackberry |
| une groseille rouge | redcurrant |
| le cassis | blackcurrant |
| une cerise | cherry |
| du raisin | grapes |

## les légumes

vegetables

| | |
|---|---|
| un légume | vegetable |
| des petits pois (*m*) | peas |
| des haricots verts (*m*) | green beans |
| des poireaux (*m*) | leeks |
| une pomme de terre | potato |
| des frites (*f*) | chips |
| des pommes chips (*f*) | crisps |
| la purée | mashed potatoes |
| des pommes de terre en robe de chambre (*f*) | jacket potatoes |
| des pommes de terre en robe des champs (*f*) | jacket potatoes |
| une carotte | carrot |
| un chou | cabbage |

| | |
|---|---|
| un chou-fleur | cauliflower |
| des choux de Bruxelles (m) | Brussels sprouts |
| une laitue | lettuce |
| des épinards (m) | spinach |
| un champignon | mushroom |
| un artichaut | artichoke |
| une asperge | asparagus |
| un poivron (vert) | (green) pepper |
| une aubergine | aubergine |
| les brocolis (m) | broccoli |
| des courgettes (f) | courgettes |
| du maïs | corn |
| un radis | radish |
| une tomate | tomato |
| un concombre | cucumber |
| un avocat | avocado |
| des crudités (f) | chopped raw vegetables |
| la salade | salad |
| une salade niçoise | salad with tomatoes, olives and anchovies |
| le riz | rice |

| la viande | meat |
|---|---|
| le porc | pork |
| le veau | veal |
| le bœuf | beef |
| l'agneau (m) | lamb |
| le mouton | mutton |
| la viande de cheval | horsemeat |
| le poulet | chicken |
| la dinde | turkey |
| le canard | duck |
| la volaille | poultry |
| les escargots (m) | snails |
| des cuisses de grenouille (f) | frogs' legs |
| un steak | steak |
| un steak frites | steak with chips |
| un steak tartare | raw minced beef with a raw egg |
| un bifteck | steak |

| | |
|---|---|
| une escalope | escalope |
| un rôti | joint |
| le rosbif | roast beef |
| le gigot d'agneau | leg of lamb |
| le ragoût | stew |
| la viande hachée | mince |
| le hamburger | hamburger |
| des rognons (*m*) | kidneys |
| le foie | liver |
| la charcuterie | sausages, ham and pâtés |
| le jambon | ham |
| le foie gras | liver pâté |
| le pâté | pâté |
| le boudin | black pudding |
| un saucisson | salami-type sausage |
| une saucisse | sausage |

## le poisson        fish

| | |
|---|---|
| le merlan | whiting |
| la morue | cod |
| des sardines (*f*) | sardines |
| la sole | sole |
| le thon | tuna fish |
| la truite | trout |
| le saumon | salmon |
| le saumon fumé | smoked salmon |
| les fruits de mer (*m*) | seafood |
| le homard | lobster |
| les huîtres (*f*) | oysters |
| les crevettes (*f*) | prawns |
| les moules (*f*) | mussels |

## les œufs        eggs

| | |
|---|---|
| un œuf | egg |
| un œuf à la coque | boiled egg |
| un œuf sur le plat | fried egg |
| des œufs au jambon | ham and eggs |
| des œufs brouillés | scrambled eggs |
| une omelette | omelette |

| es pâtes | pasta |
|---|---|
| es pâtes (f) | pasta |
| es nouilles (f) | noodles |
| es spaghetti (m) | spaghetti |
| es macaroni (m) | macaroni |

| es plats cuisinés | hot dishes |
|---|---|
| e potage | soup |
| cassoulet | casserole with beans, pork or mutton and sausages |
| bœuf bourguignon | beef cooked in red wine |
| n gratin | baked cheese dish |
| e gratin dauphinois | potatoes baked in milk with cheese |
| n pot-au-feu | beef and vegetable stew |
| a ratatouille | vegetables cooked in olive oil |
| uit | cooked |
| op cuit | overdone |
| ien cuit | well done |
| point | medium (*meat*) |
| aignant | rare (*meat*) |
| ané | covered in breadcrumbs |
| arci | stuffed |
| it | fried |
| ouilli | boiled |
| ôti | roast |
| u gratin | baked in the oven with cheese |

| es desserts | desserts |
|---|---|
| ne pâtisserie | cake, pastry |
| ne tarte aux pommes | apple tart |
| a (crème) chantilly | whipped cream |
| ne crêpe | pancake |
| a glace | ice-cream |
| ne glace à la vanille | vanilla ice-cream |
| a crème glacée | ice-cream |

| | |
|---|---|
| un petit suisse | light cream cheese |
| un yaourt | yoghurt |
| une mousse au chocolat | chocolate mousse |

## les douceurs

### sweet things

| | |
|---|---|
| le chocolat | chocolate |
| le chocolat au lait | milk chocolate |
| le chocolat à croquer | plain chocolate |
| une tablette de chocolat | chocolate bar (*large*) |
| les biscuits (*m*) | biscuits |
| les petits gâteaux (*m*) | biscuits |
| un sablé | shortbread |
| un gâteau | cake |
| un esquimau (glacé) | ice lolly |
| les bonbons (*m*) | sweets |
| des bonbons à la menthe (*m*) | mints |
| le chewing-gum | chewing gum |

## les goûts

### tastes

| | |
|---|---|
| le parfum | flavour |
| sucré | sweet |
| salé | salty, savoury |
| amer | bitter |
| acide | sour |
| épicé | spicy |
| fort | hot |
| fade | tasteless |

## le tabac

### tobacco

| | |
|---|---|
| une cigarette | cigarette |
| un cigare | cigar |
| la pipe | pipe |
| une allumette | match |

*See also Sections* **5 HOW ARE YOU FEELING?**, **17 HOUSEWORK**, **60 QUANTITIES** *and* **61 DESCRIBING THINGS**.

# 7. LES TRAVAUX MENAGERS
HOUSEWORK

| | |
|---|---|
| faire le ménage | to do the housework |
| faire la cuisine | to cook |
| faire à manger | to prepare a meal |
| faire la vaisselle | to do the washing-up |
| faire la lessive | to do the washing |
| nettoyer | to clean |
| balayer | to sweep |
| épousseter | to dust |
| passer l'aspirateur | to vacuum |
| jeter | to throw out |
| laver | to wash |
| rincer | to rinse |
| essuyer | to (wipe) dry |
| sécher | to dry |
| ranger | to tidy up, to put away |
| faire les lits | to make the beds |
| préparer | to prepare |
| couper | to cut |
| couper en tranches | to slice |
| râper | to grate |
| éplucher | to peel |
| bouillir | to be boiling |
| faire bouillir du lait | to boil milk |
| frire | to fry |
| rôtir | to roast |
| griller | to grill, to toast |
| mettre la table | to set the table |
| débarrasser | to clear the table |
| repasser | to iron |
| repriser | to darn |
| raccommoder | to mend |
| s'occuper de | to look after |
| utiliser | to use |
| aider | to help |
| donner un coup de main | to give a hand |

| ceux qui font le travail | people who work in the house |
|---|---|
| la ménagère | housewife |
| une femme de ménage | cleaner |
| une aide ménagère | home help |
| une bonne | maid |
| une jeune fille au pair | au pair |
| un(e) baby-sitter | baby sitter |

| les appareils | appliances |
|---|---|
| un aspirateur | vacuum-cleaner |
| la machine à laver | washing machine |
| une essoreuse | spin-dryer |
| un sèche-linge | tumbledryer |
| un fer à repasser | iron |
| une machine à coudre | sewing machine |
| un mixer | mixer, liquidizer |
| un moulin à café | coffee grinder |
| un four à micro-ondes | microwave oven |
| le frigo | fridge |
| le réfrigérateur | refrigerator |
| le congélateur | freezer |
| un lave-vaisselle | dish-washer |
| la cuisinière | cooker |
| une cuisinière électrique | electric cooker |
| une cuisinière à gaz | gas cooker |
| le four | oven |
| le gaz | gas |
| l'électricité (f) | electricity |
| un égouttoir | dish-drainer |
| un grille-pain | toaster |
| une bouilloire électrique | kettle |

| les ustensiles | utensils |
|---|---|
| une planche à repasser | ironing board |
| un balai | broom |

| | |
|---|---|
| une pelle et une balayette | dustpan and brush |
| une brosse | brush |
| un chiffon | rag |
| une serpillière | floorcloth |
| un torchon | cloth, duster |
| un torchon à vaisselle | dish towel |
| un bac à vaisselle | basin |
| un gant isolant | oven glove |
| un séchoir | clothes horse |
| du produit pour la vaisselle | washing-up liquid |
| de la poudre à lessive | washing powder |
| | |
| une casserole | saucepan |
| une poêle | frying pan |
| une cocotte | casserole dish |
| une cocotte minute | pressure cooker |
| un autocuiseur | pressure cooker |
| une friteuse | chip pan |
| un rouleau à pâtisserie | rolling pin |
| une planche | board |
| un ouvre-boîte | tin opener |
| un décapsuleur | bottle opener |
| un tire-bouchon | corkscrew |
| un presse-ail | garlic press |
| un fouet | whisk |
| un plateau | tray |

## les couverts — cutlery

| | |
|---|---|
| les couverts (m) | cutlery |
| une cuiller or cuillère | spoon |
| une cuiller à café | teaspoon |
| une cuiller à soupe | soupspoon, tablespoon |
| une fourchette | fork |
| un couteau | knife |
| un couteau de cuisine | kitchen knife |
| un couteau à pain | bread knife |
| un couteau à éplucher | peeler |

## la vaisselle                    dishes

| | |
|---|---|
| la vaisselle | dishes |
| un dessous de plat | place mat |
| une assiette | plate |
| une soucoupe | saucer |
| une tasse | cup |
| un verre | glass |
| un verre à vin | wine glass |
| une assiette à soupe | soup plate |
| un plat | dish |
| un beurrier | butter dish |
| une soupière | soup tureen |
| un bol | bowl (*small*) |
| un saladier | bowl (*large*) |
| une salière | saltcellar |
| un poivrier | pepper pot |
| un sucrier | sugar bowl |
| une théière | teapot |
| une cafetière | coffeepot |
| un pot à lait | milk jug |

**c'est mon père qui fait la vaisselle**
my father does the dishes

**mes parents se partagent les travaux ménagers**
my parents share the housework

*See also Sections* **16 FOOD** *and* **24 THE HOUSE**.

| | |
|---|---|
| acheter | to buy |
| choisir | to choose |
| coûter | to cost |
| dépenser | to spend |
| échanger | to exchange |
| payer | to pay |
| rendre la monnaie | to give change |
| vendre | to sell |
| solder | to sell at a reduced price |
| faire des achats/courses | to go shopping |
| faire du shopping | to go shopping |
| faire les courses | to do the shopping |
| avoir besoin de | to need |
| bon marché | cheap |
| cher (chère) | expensive |
| gratuit | free |
| en solde | reduced |
| en promotion | on special offer |
| d'occasion | second-hand |
| le client, la cliente | customer |
| le vendeur, la vendeuse | shop assistant |

## les magasins

## shops

| | |
|---|---|
| l'agence de voyages | travel agent's |
| la bijouterie | jeweller's |
| la blanchisserie | laundry |
| la boucherie | butcher's |
| la boulangerie | baker's |
| une boutique | shop (*small*) |
| le centre commercial | shopping centre |
| la charcuterie | pork butcher's, delicatessen |
| la confiserie | confectioner's |

| | |
|---|---|
| la cordonnerie | cobbler's |
| la crémerie | dairy |
| la droguerie | hardware shop |
| l'épicerie (f) | grocer's |
| le grand magasin | department store |
| un hypermarché | hypermarket |
| le kiosque à journaux | newsstand |
| la laverie automatique | launderette |
| le lavomatic | launderette |
| la librairie | bookshop |
| un libre service | self-service shop |
| le magasin | shop |
| le magasin de ... | ... shop |
| un magasin d'alimentation | grocery store |
| le magasin de disques | record shop |
| le magasin de souvenirs | souvenir shop |
| le magasin de vins et spiritueux | off-licence |
| le marché | market |
| le marché couvert | indoor market |
| la maroquinerie | leather goods shop |
| la mercerie | haberdasher's |
| le nettoyage à sec | dry cleaner's |
| la papeterie | stationer's |
| la parfumerie | perfume shop |
| la pâtisserie | cake shop |
| la pharmacie | chemist's |
| la poissonnerie | fishmonger's |
| la quincaillerie | ironmonger's |
| le supermarché | supermarket |
| le tabac(-journaux) | tobacconist and newsagent's |
| la teinturerie | dry cleaner's |
| le coiffeur | hairdresser |
| le disquaire | record shop |
| le fleuriste | florist |
| le marchand de fruits | fruiterer |
| le marchand de légumes | greengrocer |
| le marchand de vin | wine seller |
| l'opticien (m) | optician |
| le photographe | photographer |

| | |
|---|---|
| n cabas | shopping bag |
| n caddie | (supermarket) trolley |
| n panier (à provisions) | shopping basket |
| n sac | bag |
| ne poche en plastique | plastic bag |
| es provisions | provisions, shopping |
| e prix | price |
| n reçu | receipt |
| a caisse | till |
| a monnaie | (small) change |
| n chèque | cheque |
| ne carte de crédit | credit card |
| es soldes (m) | sales |
| ne réduction | reduction |
| e comptoir | counter |
| e rayon | department |
| e salon d'essayage | fitting room |
| a vitrine | shop window |
| a pointure | size (for shoes) |
| a taille | size |

**je vais à l'épicerie/chez le marchand de légumes**
I'm going to the grocer's/greengrocer's

**je vais faire les courses**
I'm going shopping

**vous désirez ?**
can I help you?

**j'aimerais/je voudrais un kilo de pommes, s'il vous plaît**
I would like two pounds of apples please

**avez-vous du camembert ?**
have you got any Camembert cheese?

**et avec ça ?**
anything else?

**c'est tout, merci**
that's all, thank you

**c'est combien ?**
how much is it?

**ça fait 20 francs**
that comes to 20 francs

**avez-vous la monnaie exacte ?**
have you got the exact change?

**puis-je payer par chèque ?**
can I pay by cheque?

**acceptez-vous les cartes de crédit ?**
do you take credit cards?

**c'est pour offrir ?**
do you want it gift-wrapped?

**où se trouve le rayon (des) chaussures ?**
where is the shoe department?

**je cherche un magasin de chaussures**
I'm looking for a shoeshop

**j'adore faire du lèche-vitrines**
I love window-shopping

*See also Sections* **2 CLOTHES**, **10 JOBS** *and* **31 MONEY**.

| | |
|---|---|
| courir | to run |
| nager | to swim |
| plonger | to dive |
| sauter | to jump |
| lancer | to throw |
| skier | to ski |
| patiner | to skate |
| pêcher | to fish |
| s'entraîner | to train |
| faire du ski | to go skiing |
| faire de l'équitation | to go horse riding |
| jouer à/au | to play |
| jouer au football/volley | to play football/volleyball |
| aller à la chasse | to go hunting |
| aller à la pêche | to go fishing |
| marquer un but | to score a goal |
| gagner | to win |
| perdre | to lose |
| mener | to be in the lead |
| battre | to beat |
| battre un record | to beat a record |
| trotter | to trot |
| galoper | to gallop |
| servir | to serve |
| tirer | to shoot |
| professionnel(le) | professional |
| amateur | amateur |

## les différents sports

## types of sport

| | |
|---|---|
| le sport | sport |
| l'aérobique (f) | aerobics |
| l'aïkido (m) | aikido |

| | |
|---|---|
| l'alpinisme (m) | mountaineering |
| l'athlétisme (m) | athletics |
| l'aviron (m) | rowing |
| le badminton | badminton |
| le basket(ball) | basketball |
| la boxe | boxing |
| la brasse | breast-stroke |
| la brasse papillon | butterfly-stroke |
| le canoë | canoeing |
| la chasse | hunting |
| la course à pied | running |
| le crawl | crawl |
| le cricket | cricket |
| la culture physique | physical training |
| le cyclisme | cycling |
| le cyclotourisme | cycle touring |
| le deltaplane | hang-gliding |
| le dos crawlé | backstroke |
| l'équitation (f) | horse riding |
| l'escrime (f) | fencing |
| le foot(ball) | football |
| le football américain | American football |
| le footing | jogging |
| le golf | golf |
| la gymnastique | PE, gymnastics |
| l'haltérophilie (f) | weight-lifting |
| l'hippisme (m) | horse riding |
| le hockey sur glace | ice hockey |
| le jogging | jogging |
| le judo | judo |
| le karaté | karate |
| la lutte | wrestling |
| la natation | swimming |
| le parachute ascensionnel | parascending |
| le parachutisme | parachuting |
| le patinage | skating |
| le patin à roulettes | roller skating |
| la pêche | fishing |
| le ping-pong | table tennis |
| la plongée | diving |

| | |
|---|---|
| la randonnée | rambling |
| le rugby | rugby |
| le saut en hauteur | high jump |
| le saut en longueur | long jump |
| le ski | skiing |
| le ski de fond | cross-country skiing |
| le ski nautique | water-skiing |
| la spéléologie | pot-holing |
| les sports d'hiver (m) | winter sports |
| le squash | squash |
| le tennis | tennis |
| le tennis de table | table tennis |
| le tir | shooting |
| la varappe | rock climbing |
| la voile | sailing |
| le vol à voile | gliding |
| le volley(ball) | volleyball |

## les accessoires

## equipment

| | |
|---|---|
| une balle | ball (*small*) |
| un ballon | ball (*large*) |
| les barres parallèles (f) | parallel bars |
| une batte | bat |
| une bicyclette | bicycle |
| une boule | bowl, ball (*small*) |
| un canoë | canoe |
| une canne à pêche | fishing rod |
| le chronomètre | stopwatch |
| une crosse de golf | golf club |
| le filet | net |
| les gants de boxe (m) | boxing gloves |
| une planche à voile | sailboard |
| une planche de surf | surfboard |
| une raquette de tennis | tennis racket |
| une selle | saddle |
| les skis (m) | skis |
| un vélo | bicycle |
| un voilier | sailing boat |

## les lieux

places

| | |
|---|---|
| un centre sportif | sports centre |
| un court de tennis | tennis court |
| les douches (f) | showers |
| une patinoire | ice-rink |
| une piscine | swimming pool |
| une piste | (ski) slope |
| une piste cyclable | cycle track |
| un plongeoir | diving board |
| un stade | stadium |
| le terrain | pitch, field, ground |
| un terrain de golf | golf course |
| le vestiaire | changing rooms |

## la compétition

competing

| | |
|---|---|
| l'entraînement (m) | training |
| une équipe | team |
| l'équipe gagnante (f) | winning team |
| une course | race |
| une étape | stage |
| la mêlée | scrum |
| le peloton | pack (cycling) |
| une course contre la montre | time-trial |
| un sprint | sprint |
| un match | match |
| la mi-temps | half-time |
| un but | goal |
| le score | score |
| un match nul | draw |
| la prolongation | extra time |
| un penalty | penalty kick |
| une partie | game |
| un marathon | marathon |
| une compétition | sporting event |
| un championnat | championship |
| un tournoi | tournament |
| un rallye | rally |

| | |
|---|---|
| ne éliminatoire | preliminary heat |
| ne épreuve | event, heat |
| a finale | final |
| e record | record |
| e record du monde | world record |
| a coupe du monde | world cup |
| es Jeux Olympiques | Olympic Games |
| e Tour de France | Tour de France (*cycle race*) |
| es 24 Heures du Mans | Le Mans 24-hour motor race |
| e Quinze de France | French fifteen (*rugby*) |
| ne médaille | medal |
| ne coupe | cup |

## es gens

## people

| | |
|---|---|
| n sportif | sportsman |
| ne sportive | sportswoman |
| n ailier | winger |
| n(e) alpiniste | mountaineer |
| n(e) athlète | athlete |
| n boxeur | boxer |
| n coureur | runner (*male*) |
| ne coureuse | runner (*female*) |
| n coureur cycliste | racing cyclist |
| n(e) cycliste | cyclist |
| n footballeur | football player |
| n gardien de but | goalkeeper |
| n joueur de … | a … player (*male*) |
| ne joueuse de … | a … player (*female*) |
| n joueur de tennis | tennis player (*male*) |
| ne joueuse de tennis | tennis player (*female*) |
| n patineur | skater (*male*) |
| ne patineuse | skater (*female*) |
| n plongeur | diver (*male*) |
| ne plongeuse | diver (*female*) |
| n skieur | skier (*male*) |
| ne skieuse | skier (*female*) |
| 'arbitre (*m*) | referee |
| n entraîneur | coach |

| | |
|---|---|
| **un champion** | champion (*male*) |
| **une championnne** | champion (*female*) |
| **un moniteur** | instructor (*male*) |
| **une monitrice** | instructor (*female*) |
| **un supporter** | supporter |

**il fait beaucoup de sport**
he does a lot of sport

**elle est ceinture noire de judo**
she's a black-belt in judo

**les deux équipes ont fait match nul**
the two teams drew

**on a dû jouer les prolongations**
they had to go into extra time

**le coureur a franchi la ligne d'arrivée**
the runner crossed the finishing line

**nous avons piqué un sprint**
we put on a spurt

**le cheval allait au trot ; soudain il partit au galop**
the horse was trotting along; suddenly he set off at a gallop

**à vos marques, prêts, partez !**
ready, steady, go!

*See also Section* **2 CLOTHES**.

# 20. LES LOISIRS ET LES PASSE-TEMPS
## LEISURE AND HOBBIES

| | |
|---|---|
| s'intéresser à | to be interested in |
| s'amuser | to enjoy oneself |
| s'ennuyer | to be bored |
| avoir le temps de | to have time to |
| lire | to read |
| dessiner | to draw |
| peindre | to paint |
| bricoler | to do DIY |
| construire | to build |
| faire | to make |
| faire des photos | to take photographs |
| collectionner | to collect |
| cuisiner | to cook |
| jardiner | to do gardening |
| coudre | to sew |
| tricoter | to knit |
| danser | to dance |
| chanter | to sing |
| jouer de | to play (*musical instrument*) |
| jouer à | to play (*game*) |
| participer à | to take part in |
| gagner | to win |
| perdre | to lose |
| battre | to beat |
| tricher | to cheat |
| parier | to bet |
| miser | to stake |
| se promener | to go for walks |
| faire un tour en vélo | to go for a cycle ride |
| faire du vélo | to cycle |
| faire un tour en voiture | to go for a run in the car |
| aller à la pêche | to go fishing |

| | |
|---|---|
| **intéressant** | interesting |
| **captivant** | fascinating |
| **passionnant** | fascinating |
| **passionné de** | very keen on |
| **ennuyeux (ennuyeuse)** | boring |
| **un hobby** | hobby |
| **un passe-temps** | pastime |
| **une activité** | activity |
| **les loisirs** (*m*) | free time |
| **le club** | club |
| **un membre** | member |
| **la lecture** | reading |
| **un livre** | book |
| **une bande dessinée** | strip cartoon |
| **une revue** | magazine |
| **la poésie** | poetry |
| **un poème** | poem |
| **l'art** (*m*) | art |
| **le dessin** | drawing |
| **la peinture** | painting |
| **un pinceau** | brush |
| **la sculpture** | sculpture |
| **la poterie** | pottery |
| **le bricolage** | DIY |
| **la construction de maquettes** | model-making |
| **un marteau** | hammer |
| **un tournevis** | screwdriver |
| **un clou** | nail |
| **une vis** | screw |
| **une perceuse** | drill |
| **une scie** | saw |
| **une lime** | file |
| **la colle** | glue |
| **la peinture** | paint |
| **la photo(graphie)** | photography |
| **un appareil-photo** | camera |
| **une pellicule** | film |
| **une photo(graphie)** | photograph |
| **le cinéma** | cinema |
| **une caméra** | cine-camera |

| | |
|---|---|
| la vidéo | video |
| l'informatique (f) | computing |
| un ordinateur | computer |
| les jeux électroniques (m) | computer games |
| la philatélie | stamp collecting |
| un timbre | stamp |
| un album | album, scrapbook |
| une collection | collection |
| la cuisine | cooking |
| une recette | recipe |
| le jardinage | gardening |
| un arrosoir | watering-can |
| une pelle | spade |
| un râteau | rake |
| la couture | dressmaking |
| une machine à coudre | sewing machine |
| une aiguille | needle |
| le fil | thread |
| un dé (à coudre) | thimble |
| un patron | pattern |
| le tricot | knitting |
| une aiguille à tricoter | knitting needle |
| une pelote de laine | ball of wool |
| la tapisserie | tapestry |
| la danse | dancing |
| le ballet | ballet |
| la musique | music |
| le chant | singing |
| une chanson | song |
| une chorale | choir |
| un instrument de musique | musical instrument |
| le piano | piano |
| le violon | violin |
| le violoncelle | cello |
| la clarinette | clarinet |
| la flûte | flute, recorder |
| une guitare | guitar |
| un tambour | drum |
| la batterie | drums |
| un jeu | game |

| | |
|---|---|
| **un jouet** | toy |
| **un jeu de société** | board game |
| **les échecs** (*m*) | chess |
| **les dames** (*f*) | draughts |
| **un puzzle** | jigsaw |
| **les cartes** (*f*) | cards |
| **le dé** | dice |
| **un pari** | bet |
| **la promenade** | walk |
| **un tour en voiture** | drive |
| **la randonnée** | ramble |
| **une excursion** | excursion, outing |
| **une excursion à pied** | hike |
| **le cyclisme** | cycling |
| **le vélo** | bicycle |
| **l'ornithologie** (*f*) | birdwatching |
| **la pêche** | fishing |

**j'aime lire/tricoter**
I like reading/knitting

**Raymond est très bricoleur**
Raymond is very good with his hands

**je fais partie d'un club de photographie**
I belong to a photography club

**Hélène est passionnée de cinéma**
Hélène is very keen on the cinema

**je fais de la poterie/sculpture/tapisserie**
I do pottery/sculpture/tapestry

**je prends des leçons de ballet**
I take ballet lessons

**je joue du piano**
I play the piano

**c'est à qui de jouer ?**
whose turn is it?

**c'est à vous (de jouer)**
it's your turn

*See also Sections* **19 SPORT**, **21 MEDIA**, **22 EVENINGS OUT** *and* **43 CAMPING**.

## 21. LES MEDIA
### THE MEDIA

| | |
|---|---|
| écouter | to listen to |
| regarder | to watch |
| lire | to read |
| mettre | to switch on |
| allumer | to switch on |
| arrêter | to switch off |
| éteindre | to switch off |
| changer de chaîne | to switch over |

## la radio     radio

| | |
|---|---|
| un poste de radio | radio (set) |
| un transistor | transistor |
| un walkman (R) | walkman (R), personal stereo |
| une émission (radiophonique) | (radio) broadcast, programme |
| les informations (f) | news |
| le bulletin d'information | news bulletin |
| les nouvelles (f) | news |
| une interview | interview |
| un jeu radiophonique | radio quiz |
| le hit-parade | charts |
| un 45 tours | single |
| un 33 tours | LP |
| un flash publicitaire | commercial |
| un auditeur, une auditrice | listener |
| la réception | reception |
| des parasites (m) | interference |

## la télévision     television

| | |
|---|---|
| la TV | TV |
| la télé | TV |
| un téléviseur | television set |
| la télévision en couleur | colour television |
| la télévision en noir et blanc | black and white television |

| | |
|---|---|
| une antenne | aerial |
| la chaîne | channel |
| une émission | programme |
| les actualités télévisées (*f*) | news bulletin, newscast |
| le journal télévisé | television news |
| le téléjournal | television news |
| un film | film |
| un documentaire | documentary |
| un roman-feuilleton | serial, soap opera |
| la pub(licité) | commercial |
| un présentateur, une présentatrice | newsreader, presenter |
| une speakerine | announcer, newscaster |
| un téléspectateur, une téléspectatrice | viewer |
| la TV par câble | cable TV |
| un magnétoscope | video recorder |

## la presse — press

| | |
|---|---|
| un journal | newspaper |
| un journal du matin/soir | morning/evening paper |
| un hebdomadaire | weekly |
| un magazine | magazine |
| un illustré | magazine |
| la presse à sensation | gutter press |
| un(e) journaliste | journalist |
| un reporter | reporter (*male and female*) |
| le rédacteur en chef | chief editor |
| un reportage | press report |
| un article | article |
| les gros titres (*m*) | headlines |
| une rubrique | (regular) column |
| la rubrique sportive | sports column |
| le courrier du cœur | agony column |
| la publicité | advertisement, advertising |
| les petites annonces (*f*) | classified ads |
| une conférence de presse | press conference |
| une agence de presse | news agency |
| le tirage | circulation |

**sur ondes courtes/moyennes/longues**
on short/medium/long wave

**sur les ondes**
on the radio/air

**en direct de Perpignan**
live from Perpignan

# 22. LES SOIREES
## EVENINGS OUT

| | |
|---|---|
| sortir | to go out |
| danser | to dance |
| aller danser | to go dancing |
| aller voir | to go and see, to visit |
| se voir | to see each other |
| inviter | to invite |
| donner | to give |
| offrir | to give (*present*) |
| apporter | to bring (*thing*) |
| réserver | to book |
| applaudir | to applaud |
| embrasser | to kiss |
| accompagner | to accompany |
| déposer | to drop off |
| commander | to order |
| recommander | to recommend |
| rentrer | to go/come home |
| | |
| seul | alone |
| ensemble | together |

## les spectacles — shows

| | |
|---|---|
| le théâtre | theatre |
| un costume | costume |
| la scène | stage |
| les décors (*m*) | set |
| les coulisses (*f*) | wings |
| le rideau | curtain |
| le vestiaire | cloakroom |
| l'orchestre (*m*) | orchestra, stalls |
| le balcon | dress circle |
| une loge | box |
| le poulailler | gods |
| l'entracte (*m*) | interval |
| un programme | programme |

| | |
|---|---|
| une pièce | play |
| une comédie | comedy |
| une tragédie | tragedy |
| un opéra | opera |
| une opérette | operetta |
| un ballet | ballet |
| un concert de musique classique | concert of classical music |
| un concert de rock | rock concert |
| un spectacle | show |
| le cirque | circus |
| les feux d'artifice (m) | fireworks |
| les spectateurs (m) | audience |
| l'ouvreuse (f) | usherette |
| un acteur, une actrice | actor/actress |
| un danseur, une danseuse | dancer |
| le chef d'orchestre | conductor |
| les musiciens (m) | musicians |
| un magicien | magician |
| un clown | clown |

## le cinéma — the cinema

| | |
|---|---|
| un film | film |
| une salle de cinéma | cinema |
| le guichet | ticket office |
| la séance | showing |
| un ticket | ticket |
| l'écran (m) | screen |
| le projecteur | projector |
| un dessin animé | cartoon |
| un film documentaire | documentary |
| un film historique | historical film |
| un film d'horreur | horror film |
| un film de science-fiction | science fiction film |
| un western | Western |
| un film en VO | film in the original language |
| les sous-titres (m) | subtitles |
| un film en noir et blanc | black and white film |
| le metteur en scène | director |
| le cinéaste | film maker |
| une vedette | star |

## les discothèques et les bals

## discos and dances

| | |
|---|---|
| un bal | dance |
| un dancing | dance hall |
| une discothèque | disco(thèque) |
| une boîte (de nuit) | night club |
| le bar | bar |
| un disque | record |
| la piste de danse | dance floor |
| le rock | rock-and-roll |
| un groupe pop | pop group |
| la musique folk | folk (music) |
| un slow | slow number |
| le disc-jockey | DJ |
| un chanteur, une chanteuse | singer |
| le videur | bouncer |

## au restaurant

## eating out

| | |
|---|---|
| un restaurant | restaurant |
| un café | café, pub |
| un bistro(t) | café, pub |
| une pizzeria | pizzeria |
| la restauration rapide | fast food |
| des plats à emporter (*m*) | take-away food |
| le garçon | waiter |
| la serveuse | waitress |
| le maître d'hôtel | head waiter |
| le menu | menu |
| le menu à 10 francs | set menu costing 10 francs |
| la carte des vins | wine list |
| l'addition (*f*) | bill |
| un pourboire | tip |
| un restaurant chinois | Chinese restaurant |
| un restaurant italien | Italian restaurant |
| un restaurant nord-africain | North African restaurant |
| un restaurant vietnamien | Vietnamese restaurant |

| les invitations | parties |
|---|---|
| une invitation | invitation |
| les invités (*m*) | guests |
| l'hôte (*m*) | host |
| l'hôtesse (*f*) | hostess |
| un cadeau | present |
| une boisson | drink |
| un cocktail | cocktail |
| des cacahuètes (*f*) | peanuts |
| une boum | party |
| une fête | celebration, party |
| un anniversaire (*m*) | birthday |
| un gâteau d'anniversaire | birthday cake |
| les bougies (*f*) | candles |

**bis !**
encore!

**voulez-vous danser avec moi ?**
would you like to dance with me?

**service compris**
service included

*See also Section* **16 FOOD**.

## 23. MA CHAMBRE
MY ROOM

| | |
|---|---|
| le plancher | floor |
| la moquette | (fitted) carpet |
| le plafond | ceiling |
| la porte | door |
| la fenêtre | window |
| les rideaux (m) | curtains |
| les volets (m) | shutters |
| les stores (m) | blinds |
| le papier peint | wallpaper |

## les meubles — furniture

| | |
|---|---|
| le lit | bed |
| le couvre-lit | bedspread |
| la table de chevet | bedside table |
| une commode | chest of drawers |
| une coiffeuse | dressing table |
| une penderie | wardrobe |
| une armoire | wardrobe |
| un placard | cupboard |
| un coffre | chest |
| le bureau | desk |
| une chaise | chair |
| un tabouret | stool |
| un fauteuil | armchair |
| des rayonnages (m) | shelves |
| une bibliothèque | bookcase |

| les objets | objects |
|---|---|
| **une lampe** | lamp |
| **une lampe de chevet** | bedside lamp |
| **l'abat-jour** (*m*) | lampshade |
| **un réveil** | alarm clock |
| **un réveil-radio** | radio alarm |
| **un tapis** | rug |
| **un poster** | poster |
| **une affiche** | poster |
| **un tableau** | painting |
| **une photographie** | photograph |
| **un miroir** | mirror |
| **un livre** | book |
| **une revue** | magazine |
| **une bande dessinée** | comic |
| **le journal intime** | diary |
| **un jeu** | game |
| **un jouet** | toy |

*See also Sections* **15 DAILY ROUTINE** *and* **24 THE HOUSE.**

## 24. LA MAISON
### THE HOUSE

| | |
|---|---|
| habiter | to live |
| déménager | to move (house) |
| situé | situated |
| le loyer | rent |
| un emprunt-logement | mortgage |
| un déménagement | removal |
| un locataire | tenant |
| le propriétaire | owner |
| le/la concierge | caretaker |
| un déménageur | removal man |
| une maison | house |
| une villa | villa |
| une ferme | farm(house) |
| un pavillon | (small) house |
| un appartement | flat |
| un HLM | council flat |
| un immeuble | block of flats |
| un studio | studio flat |
| un meublé | furnished flat |

## les parties de la maison  parts of the house

| | |
|---|---|
| le sous-sol | basement |
| le rez-de-chaussée | ground floor |
| le premier | first floor |
| le grenier | loft |
| la cave | cellar |
| une pièce | room |
| une chambre | bedroom |
| la mansarde | attic room |
| un coin | corner |
| l'étage (m) | floor, storey |
| le palier | landing |
| les escaliers (m) | stairs |
| une marche | step |

| | |
|---|---|
| la rampe | bannisters |
| un ascenseur | lift |
| un mur | wall |
| le toit | roof |
| une tuile | roof tile |
| une ardoise | slate |
| la cheminée | chimney, fireplace |
| une porte | door |
| la porte d'entrée | front door |
| une fenêtre | window |
| une baie vitrée | big window |
| le balcon | balcony |
| le jardin | garden |
| le jardin potager | kitchen garden, vegetable garden |
| une terrasse | terrace |
| le garage | garage |
| dedans | inside |
| dehors | outside |
| en haut | upstairs |
| en bas | downstairs |

## les pièces

## the rooms

| | |
|---|---|
| l'entrée (f) | entrance (hall) |
| le palier | landing |
| le couloir | hall |
| la cuisine | kitchen |
| le coin-cuisine | kitchen area |
| la salle à manger | dining room |
| la salle de séjour | living room |
| le salon | sitting room, lounge |
| le bureau | study |
| la bibliothèque | library |
| la chambre (à coucher) | bedroom |
| la salle de bain | bathroom |
| les toilettes (f) | toilet |
| les WC (m) | toilet |
| la buanderie | laundry room |
| la véranda | veranda |

## les meubles

furniture

| | |
|---|---|
| une armoire | wardrobe |
| une armoire de toilette | bathroom cabinet |
| un bureau | desk |
| une bibliothèque | bookcase |
| un buffet | sideboard |
| un canapé | sofa |
| une chaise | chair |
| un divan | divan |
| des étagères (f) | shelves |
| un fauteuil | armchair |
| un fauteuil à bascule | rocking chair |
| une pendule | grandfather clock |
| un piano | piano |
| un placard | cupboard |
| un pouf | pouffe |
| un secrétaire | writing desk |
| une table | table |
| une table basse | coffee table |
| une table roulante | trolley |
| un vaisselier | dresser |
| la baignoire | bath |
| la douche | shower |
| un lavabo | washbasin |
| un bidet | bidet |

## les objets et l'aménagement

objects and fittings

| | |
|---|---|
| une affiche | poster |
| l'antenne (f) | aerial |
| une bougie | candle |
| une boîte aux lettres | letterbox |
| un bibelot | ornament |
| le carrelage | tiling |
| un cadre | frame |
| un cendrier | ashtray |
| un chandelier | candlestick |
| la chasse d'eau | chain (*toilet*) |

| | |
|---|---|
| e chauffage central | central heating |
| une cheminée | fireplace |
| a clef | key |
| une corbeille à papiers | wastepaper basket |
| un coussin | cushion |
| une descente de bain | bathmat |
| une échelle | ladder |
| une estampe | print, etching |
| 'évier (m) | kitchen sink |
| un gadget | knick-knack |
| a glace | bathroom mirror |
| un lampadaire | standard lamp |
| une lampe | lamp |
| un miroir | mirror |
| a moquette | (fitted) carpet |
| un paillasson | doormat |
| e papier peint | wallpaper |
| un pèse-personne | bathroom scales |
| une photo(graphie) | photograph |
| a poignée | door-handle, doorknob |
| un portemanteau | coat rack |
| un porte-parapluies | umbrella stand |
| un porte-revues (same pl) | magazine rack |
| a poubelle | bin |
| une prise (de courant) | plug |
| e radiateur | radiator |
| une reproduction | reproduction |
| les rideaux (m) | curtains |
| le robinet | tap |
| a serrure | keyhole |
| a sonnette | doorbell |
| un tableau | picture |
| un tapis | rug |
| a tapisserie | wallpaper |
| un vase | vase |
| un verrou | bolt |
| | |
| un transistor | transistor |
| une radio | radio |
| une télévision portative | portable television set |

| | |
|---|---|
| un électrophone | record player |
| un tourne-disque | record player |
| une chaîne stéréo | stereo |
| un magnétophone | tape-recorder |
| un magnétophone à cassette | cassette recorder |
| un radiocassette | radio cassette player |
| un disque | record |
| une cassette | cassette |
| un disque compact | compact disk |
| une machine à écrire | typewriter |
| un ordinateur | computer |
| un micro-ordinateur | microcomputer |
| un magnétoscope | video (recorder) |
| une vidéocassette | video cassette |
| un film vidéo | video (film) |

# le jardin　　　　　　the garden

| | |
|---|---|
| la pelouse | lawn |
| le gazon | grass |
| les plates-bandes (f) | flowerbeds |
| une serre | greenhouse |
| les meubles de jardin (m) | garden furniture |
| un parasol | parasol |
| une brouette | wheelbarrow |
| une tondeuse à gazon | lawnmower |
| un arrosoir | watering can |
| un tuyau d'arrosage | hose |

*See also Sections* **8 IDENTITY**, **17 HOUSEWORK** *and* **23 MY ROOM**.

# 25. LA VILLE
## THE CITY

| | |
|---|---|
| une ville | town, city |
| une grande ville | big city |
| un village | village |
| un hameau | hamlet |
| un endroit | place |
| | |
| un arrondissement | district (*in a large city*) |
| la banlieue | suburbs, outskirts |
| un quartier | district, area (*in a town*) |
| une agglomération | built-up area |
| une zone industrielle | industrial area |
| un quartier résidentiel | residential district |
| la Rive droite | the Right Bank (*of the river Seine in Paris*) |
| la Rive gauche | the Left Bank (*of the River Seine in Paris, student area*) |
| la vieille ville | old town |
| le centre(-ville) | town/city centre |
| la cité universitaire | university halls of residence, campus |
| la zone bleue | restricted parking area in city centre |
| les environs (*m*) | surroundings |
| une avenue | avenue |
| un boulevard | boulevard |
| une impasse | cul-de-sac |
| un périphérique | ring road |
| une place | square |
| la place principale | main square |
| un quai | embankment, quay |
| une route | road |
| une rue | street |
| une rue commerçante | shopping street |
| une rue piétonne/piétonnière | pedestrian precinct |
| une ruelle | narrow street, alley-way |

| | |
|---|---|
| un square | small square with gardens |
| la chaussée | road, roadway |
| le trottoir | pavement |
| un parking | car park |
| un parking souterrain | underground car park |
| un pavé | cobblestone |
| un caniveau | gutter |
| les égouts (*m*) | sewers |
| un parc | park |
| un jardin public | park, public gardens |
| un cimetière | cemetery |
| un pont | bridge |
| le port | harbour |
| l'aéroport (*m*) | airport |
| la gare | railway station |
| un stade | stadium |
| un plan | map |

## les édifices

## buildings

| | |
|---|---|
| un bâtiment | building |
| un immeuble | block (of flats) |
| un édifice public | public building |
| l'hôtel de ville (*m*) | town hall |
| la mairie | town hall |
| le Palais de Justice | Law Courts |
| le syndicat d'initiative | tourist information office |
| l'office du tourisme (*m*) | tourist office |
| la poste | post office |
| un bureau de poste | post office |
| une bibliothèque | library |
| le poste de police | police station |
| le commissariat | police station |
| la gendarmerie | police station (*small towns*) |
| la caserne | barracks |
| la caserne des pompiers | fire station |
| le bureau des objets trouvés | lost property office |
| une prison | prison |

| | |
|---|---|
| une usine | factory |
| un hôpital (*pl* hôpitaux) | hospital |
| la maison des jeunes et de la culture | community youth and arts centre |
| un théâtre | theatre |
| un cinéma | cinema |
| l'opéra (*m*) | opera (house) |
| un musée | museum |
| une galerie d'art | art gallery |
| un château (*pl* châteaux) | castle |
| un palais | palace |
| une tour | tower |
| la cathédrale | cathedral |
| une église | church |
| le clocher | church tower, steeple |
| un temple | Protestant church |
| une synagogue | synagogue |
| une mosquée | mosque |
| un monument | memorial, monument |
| le monument aux morts | war memorial |
| une statue | statue |
| une fontaine | fountain |

## les gens — people

| | |
|---|---|
| un(e) citadin(e) | city dweller |
| un(e) banlieusard(e) | person living in the suburbs (*of Paris*) |
| un(e) habitant(e) | inhabitant |
| un(e) passant(e) | passer-by |
| les badauds (*m*) | strollers, onlookers |
| un(e) touriste | tourist |
| un(e) clochard(e) | tramp |

**Paris et la province**
Paris and the rest of France

**j'habite dans le Vᵉ (arrondissement)**
I live in the 5th district (of Paris)

**elle habite en ville**
she lives in town

**nous allons en ville**
we're going into town

*See also Sections* **18 SHOPPING**, **22 EVENINGS OUT**, **26 CARS**, **41 PUBLIC TRANSPORT**, **45 GEOGRAPHICAL TERMS** *and* **64 DIRECTIONS**.

| | |
|---|---|
| conduire | to drive |
| circuler | to go (*car*) |
| démarrer | to start up |
| ralentir | to slow down |
| freiner | to brake |
| accélérer | to accelerate |
| changer de vitesse | to change gear |
| s'arrêter | to stop |
| se garer | to park |
| stationner | to park |
| dépasser | to overtake |
| doubler | to overtake |
| faire demi-tour | to do a U-turn |
| allumer ses phares | to switch on one's lights |
| éteindre ses phares | to switch off one's lights |
| faire des appels de phares | to flash one's headlights |
| traverser | to cross, to go through |
| vérifier | to check |
| céder la priorité/le passage | to give way |
| avoir la priorité | to have right of way |
| klaxonner | to hoot |
| déraper | to skid |
| remorquer | to tow |
| réparer | to repair |
| tomber en panne | to break down |
| tomber en panne d'essence | to run out of petrol |
| faire le plein | to fill up |
| changer une roue | to change a wheel |
| être en infraction | to commit an offence |
| respecter la limitation de vitesse | to keep to the speed limit |
| enfreindre la limitation de vitesse | to break the speed limit |
| brûler un feu | to jump a red light |
| brûler un stop | to ignore a stop sign |

| | |
|---|---|
| lent | slow |
| rapide | fast |
| obligatoire | compulsory |
| permis | allowed |
| interdit | forbidden |

## les véhicules — vehicles

| | |
|---|---|
| une auto | car |
| une automobile | car |
| la voiture | car |
| une voiture à transmission automatique | automatic |
| un vieux tacot | old banger |
| une voiture d'occasion | second-hand car |
| une deux/quatre/cinq portes | two/four/five-door car |
| une familiale | estate car |
| une conduite intérieure | saloon |
| une voiture de course | racing car |
| une voiture de sport | sports car |
| une voiture de location | rented car |
| une traction avant | car with front-wheel drive |
| une voiture à quatre roues motrices | car with four-wheel drive |
| une voiture avec conduite à droite | right-hand drive car |
| une décapotable | convertible |
| la cylindrée | c.c. |
| la marque | make |
| un camion | lorry |
| un poids lourd | lorry |
| un semi-remorque | articulated lorry |
| une camionnette | van |
| une dépanneuse | breakdown lorry |
| une moto | motorbike |
| une mobylette | moped |
| un vélomoteur | moped |
| un scooter | scooter |
| un camping-car | Dormobile (R) |
| une caravane | caravan |
| une remorque | trailer |

## les usagers de la route — road users

| | |
|---|---|
| un(e) automobiliste | motorist |
| le conducteur | driver (*male*) |
| la conductrice | driver (*female*) |
| un chauffard | reckless driver |
| un chauffeur du dimanche | Sunday driver |
| le passager | passenger (*male*) |
| la passagère | passenger (*female*) |
| un routier | lorry-driver |
| un camionneur | lorry-driver |
| un(e) motocycliste | motorcyclist |
| un motard | motorcyclist |
| un(e) cycliste | cyclist |
| un auto-stoppeur | hitch-hiker (*male*) |
| une auto-stoppeuse | hitch-hiker (*female*) |
| un piéton | pedestrian |

## les parties de la voiture — car parts

| | |
|---|---|
| l'accélérateur (*m*) | accelerator |
| une aile | wing |
| l'allumage (*m*) | ignition |
| l'autoradio (*m*) | car radio |
| la batterie | battery |
| la boîte de vitesses | gearbox |
| le bouchon | petrol cap |
| la bougie | spark plug |
| le capot | bonnet |
| le carburateur | carburettor |
| la carrosserie | body |
| la ceinture de sécurité | seat belt |
| le châssis | chassis |
| le chauffage | heating |
| le clignotant | indicator |
| le coffre | boot |
| le compteur (de vitesse) | speedometer |
| la courroie du ventilateur | fanbelt |
| le cric | jack |
| l'embrayage (*m*) | clutch |

| | |
|---|---|
| un enjoliveur | hub cap |
| un essuie-glace | windscreen wiper |
| les feux arrière (*m*) | rear lights |
| les feux de position (*m*) | sidelights |
| le frein à main | handbrake |
| les freins (*m*) | brakes |
| la galerie | roof rack |
| la jauge de niveau d'huile/ d'essence | oil/petrol gauge |
| le klaxon | horn |
| le levier de vitesses | gear lever |
| le moteur | engine |
| le pare-brise | windscreen |
| le pare-chocs | bumper |
| la pédale | pedal |
| le phare antibrouillard | fog lamp |
| les phares (*m*) | lights |
| une pièce de rechange | spare part |
| la plaque minéralogique | number plate |
| le pneu | tyre |
| la porte/portière | door |
| le pot d'échappement | exhaust |
| le radiateur | radiator |
| le ralenti | tickover speed |
| le réservoir | tank |
| le rétroviseur | (rearview) mirror |
| la roue | wheel |
| une roue de secours | spare wheel |
| la serrure | lock |
| le siège avant/arrière | front/back seat |
| le starter | choke |
| la suspension | suspension |
| le tableau de bord | dashboard |
| la transmission | transmission |
| les vitesses | gears |
|  la marche arrière |  reverse |
|  la première |  first gear |
|  la seconde |  second gear |
|  la troisième |  third gear |
|  la quatrième |  fourth gear |

| | |
|---|---|
| la cinquième | fifth gear, overdrive |
| le point mort | neutral |
| la vitre | window |
| le volant | steering wheel |
| l'essence (f) | petrol |
| l'essence ordinaire (f) | two-star (petrol) |
| le super | four-star (petrol) |
| le gazole/gaz-oil | fuel |
| le diesel | diesel |
| l'huile (f) | oil |
| l'antigel (m) | antifreeze |

## les difficultés — problems

| | |
|---|---|
| un garage | garage |
| une station-service | petrol station |
| la pompe à essence | petrol pump |
| le mécanicien | car mechanic |
| le pompiste | petrol pump attendant |
| l'entretien (m) | maintenance |
| une assurance | insurance |
| le permis de conduire | driving licence |
| la carte grise | car registration book |
| la carte verte | green card (insurance) |
| la vignette | road tax disc |
| le code de la route | Highway Code |
| la vitesse | speed |
| un excès de vitesse | speeding |
| une infraction | offence |
| un PV | parking ticket |
| une amende | fine |
| la priorité | right of way |
| un (panneau de) stationnement interdit | no parking sign |
| la crevaison | flat tyre |
| un pneu crevé | flat tyre |
| la panne | breakdown |
| un embouteillage | traffic jam |
| la déviation | diversion |

| les travaux | roadworks |
| le verglas | black ice |
| un trou | hole |
| la visibilité | visibility |

## les voies de circulation    routes

| la circulation | traffic |
| la carte routière | road map |
| la route | road |
| la (route) nationale | main road |
| la départementale | B road |
| une autoroute | motorway |
| le trottoir | pavement |
| un sens interdit | one-way street |
| un stop | stop sign |
| un passage clouté | pedestrian crossing |
| le virage | bend |
| le carrefour | crossroads |
| un croisement | crossroads |
| un embranchement | junction |
| le rond-point | roundabout |
| la file | lane |
| la bande médiane | central reservation |
| la bretelle de contournement | motorway bypass |
| les feux (m) | traffic lights |
| le péage | toll |
| une aire de services | service area |
| un panneau | road sign |
| un passage à niveau | level crossing |
| un parking | car park |
| un parcmètre | parking meter |
| la zone bleue | restricted parking area |

**elle est de quelle marque ? — c'est une Citroën**
what make is it? — it's a Citroen

**le plein, s'il vous plaît**
fill her up please

**pouvez-vous vérifier la pression des pneus/le niveau d'huile ?**
could you check the tyre pressure/oil level, please?

**passe la troisième !**
go into third gear!

**il a mis ses phares en code/veilleuse**
he dipped his headlights/switched to sidelights

**elle roulait à 100 (kilomètres) à l'heure**
she was doing 62 miles an hour

**en Angleterre, on roule à gauche**
in England, they drive on the left

**cette voiture fait du … litres au cent**
this car does a 100 kilometres to … litres (… miles to the gallon)

**mettez votre ceinture !**
fasten your seat belt!

**on lui a retiré son permis**
he lost his driving licence

**j'ai passé mon permis de conduire lundi — tu l'as réussi ?**
I sat my driving test on Monday — did you pass?

**tu t'es trompé de route**
you've gone the wrong way

See also Section 51 ACCIDENTS.

## 27.  LA NATURE
NATURE

| | |
|---|---|
| aboyer | to bark |
| miauler | to mew |
| meugler | to moo |

## le paysage

## landscape

| | |
|---|---|
| la campagne | country(side) |
| un champ | field |
| un pré | meadow |
| la forêt | forest |
| un bois | wood |
| une clairière | clearing |
| un verger | orchard |
| la lande | moor |
| un marais | marsh |
| le maquis | scrub |
| un désert | desert |
| la jungle | jungle |
| l'agriculture (f) | agriculture |

## les plantes

## plants

| | |
|---|---|
| une plante | plant |
| un arbre | tree |
| un arbuste | shrub |
| un buisson | bush |
| la racine | root |
| le tronc | trunk |
| une branche | branch |
| une brindille | twig |
| une pousse | shoot |
| un bourgeon | bud |
| une fleur | flower, blossom |
| une feuille | leaf |

| | |
|---|---|
| feuillage | foliage |
| écorce (f) | bark |
| cime | treetop |
| ne pomme de pin | pine cone, fir cone |
| marron | horse chestnut |
| gland | acorn |
| ne baie | berry |
| es algues (f) | seaweed |
| bruyère | heather |
| champignon | mushroom |
| champignon comestible/vénéneux | edible/poisonous mushroom |
| es fougères (f) | ferns |
| herbe (f) | grass |
| gui | mistletoe |
| houx | holly |
| lierre | ivy |
| es mauvaises herbes (f) | weeds |
| mousse | moss |
| rhododendron | rhododendron |
| roseau | reed |
| trèfle | clover |
| vigne | vine |
| vignoble | vineyard |

## es arbres

## trees

| | |
|---|---|
| arbre à feuilles caduques | deciduous tree |
| conifère | conifer |
| bouleau | birch |
| cèdre | cedar |
| châtaignier | chestnut tree |
| chêne | oak |
| cyprès | cypress |
| érable | maple tree |
| frêne | ash tree |
| hêtre | beech |
| if | yew tree |
| marronnier | horse chestnut tree |

| | |
|---|---|
| un noyer | walnut tree |
| un orme | elm |
| un peuplier | poplar |
| un pin | pine tree |
| un platane | plane tree |
| un sapin | fir tree |
| un saule pleureur | weeping willow |

## les arbres fruitiers — fruit trees

| | |
|---|---|
| un abricotier | apricot tree |
| un amandier | almond tree |
| un cerisier | cherry tree |
| un citronnier | lemon tree |
| un figuier | fig tree |
| un oranger | orange tree |
| un pêcher | peach tree |
| un poirier | pear tree |
| un pommier | apple tree |
| un prunier | plum tree |

## les fleurs — flowers

| | |
|---|---|
| une fleur sauvage | wild flower |
| la tige | stem |
| un pétale | petal |
| le pollen | pollen |
| une anémone | anemone |
| l'aubépine (f) | hawthorn |
| un bleuet | cornflower |
| un bouton d'or | buttercup |
| le chèvrefeuille | honeysuckle |
| un chrysanthème | chrysanthemum |
| un coquelicot | poppy |
| le géranium | geranium |
| un iris | iris |
| une jacinthe | hyacinth |
| le jasmin | jasmine |
| une jonquille | daffodil |

| | |
|---|---|
| le lilas | lilac |
| un lis | lilac |
| une marguerite | daisy |
| le muguet | lily of the valley |
| un oeillet | carnation |
| une orchidée | orchid |
| une pâquerette | small daisy |
| un pavot | poppy |
| un perce-neige | snowdrop |
| un pétunia | petunia |
| un pissenlit | dandelion |
| les pois de senteur (*m*) | sweetpeas |
| une primevère | primrose |
| une rose | rose |
| une tulipe | tulip |
| une violette | violet |

## les animaux domestiques

pets

| | |
|---|---|
| un(e) chat(te) | cat (*male/female*) |
| un chaton | kitten |
| un(e) chien(ne) | dog/bitch |
| un chiot | puppy |
| un cochon d'Inde | guinea pig |
| un hamster | hamster |
| un poisson rouge | goldfish |

## les animaux de ferme

farm animals

| | |
|---|---|
| un agneau | lamb |
| un âne | donkey |
| un bélier, une brebis | ram/ewe |
| un boeuf | ox |
| un canard | duck |
| un caneton | duckling |
| un cheval, une jument | horse/mare |
| un poulain | foal |
| une chèvre, un bouc | nanny/billy-goat |

| un cochon, une truie | pig/sow |
| un coq | cock |
| un dindon | turkey |
| un lapin | rabbit |
| un mouton | sheep |
| un mulet | mule |
| une oie | goose |
| une poule | hen |
| un poussin | chick |
| un taureau | bull |
| une vache | cow |
| un veau | calf |

## les animaux sauvages        wild animals

| un mammifère | mammal |
| un poisson | fish |
| un reptile | reptile |
| une patte | leg, paw |
| le museau | muzzle, snout |
| la queue | tail |
| la trompe | trunk |
| les griffes (f) | claws |
| une antilope | antelope |
| une baleine | whale |
| une belette | weasel |
| un buffle | buffalo |
| un castor | beaver |
| un cerf, une biche | stag/doe |
| un chameau | camel |
| un dauphin | dolphin |
| un dromadaire | dromedary |
| un écureuil | squirrel |
| un éléphant | elephant |
| une gazelle | gazelle |
| une girafe | giraffe |
| un hérisson | hedgehog |
| un hippopotame | hippopotamus |
| un kangourou | kangaroo |

| un koala | koala bear |
| un léopard | leopard |
| un lièvre | hare |
| un(e) lion(ne) | lion(ess) |
| un loup, une louve | wolf/she-wolf |
| un mulot | fieldmouse |
| un ours | bear |
| un phoque | seal |
| une pieuvre | octopus |
| un rat | rat |
| un renard | fox |
| un requin | shark |
| un sanglier | wild boar |
| un singe | monkey |
| une souris | mouse |
| un tigre | tiger |
| une tortue | tortoise |
| un zèbre | zebra |

## les reptiles etc

## reptiles etc

| un crocodile | crocodile |
| un alligator | alligator |
| un lézard | lizard |
| un serpent | snake |
| un serpent à sonnettes | rattlesnake |
| une vipère | adder |
| une couleuvre | grass snake |
| un cobra | cobra |
| un boa | boa |
| une grenouille | frog |
| un crapaud | toad |
| un poisson | fish |

## les oiseaux

## birds

| un oiseau | bird |
| un oiseau nocturne | night hunter |
| un oiseau rapace/de proie | bird of prey |

| | |
|---|---|
| la patte | foot |
| les serres (f) | claws |
| l'aile (f) | wing |
| le bec | beak |
| une plume | feather |
| un aigle | eagle |
| une alouette | lark |
| une autruche | ostrich |
| un canari | canary |
| une chouette | owl |
| une colombe | dove |
| un coucou | cuckoo |
| une cigogne | stork |
| un corbeau | crow |
| un cygne | swan |
| un étourneau | starling |
| un faisan | pheasant |
| un faucon | falcon |
| un flamant rose | flamingo |
| un héron | heron |
| un hibou | owl |
| une hirondelle | swallow |
| un martin-pêcheur | kingfisher |
| un merle | blackbird |
| une mésange | (blue) tit |
| un moineau | sparrow |
| une mouette | seagull |
| un paon | peacock |
| un perroquet | parrot |
| une perruche | budgie |
| une pie | magpie |
| un pigeon | pigeon |
| un pingouin | penguin |
| un pinson | chaffinch |
| un puffin | puffin |
| un rossignol | nightingale |
| un rouge-gorge | robin |
| un vautour | vulture |

| les insectes etc | insects etc |
|---|---|
| une abeille | bee |
| une araignée | spider |
| un bourdon | bumblebee |
| un cafard | cockroach |
| une chenille | caterpillar |
| une coccinelle | ladybird |
| une fourmi | ant |
| une guêpe | wasp |
| une mouche | fly |
| un moustique | mosquito |
| un papillon | butterfly |
| une sauterelle | grasshopper |

*See also Sections* **16 FOOD**, **44 SEASIDE** *and* **45 GEOGRAPHICAL TERMS**.

# 28. QUEL TEMPS FAIT-IL ?
## WHAT'S THE WEATHER LIKE?

| | |
|---|---|
| pleuvoir | to rain |
| neiger | to snow |
| geler | to be freezing |
| souffler | to blow |
| briller | to shine |
| fondre | to melt |
| empirer | to get worse |
| s'améliorer | to improve |
| changer | to change |
| | |
| couvert | overcast |
| nuageux (nuageuse) | cloudy |
| dégagé | clear |
| ensoleillé | sunny |
| pluvieux (pluvieuse) | rainy |
| orageux (orageuse) | stormy |
| lourd | muggy |
| sec (sèche) | dry |
| chaud | warm, hot |
| froid | cold |
| doux (douce) | mild |
| agréable | pleasant |
| épouvantable | awful |
| variable | changeable |
| | |
| au soleil | in the sun |
| à l'ombre | in the shade |
| | |
| le temps | weather |
| la température | temperature |
| la météo(rologie) | weather forecast |
| les prévisions météorologiques | weather forecast |
| le climat | climate |
| l'atmosphère (f) | atmosphere |
| la pression atmosphérique | atmospheric pressure |
| une amélioration | improvement |
| un changement | change |

| | |
|---|---|
| e thermomètre | thermometer |
| e degré | degree |
| e baromètre | barometer |
| e ciel | sky |

## a pluie

## rain

| | |
|---|---|
| 'humidité (f) | humidity, dampness |
| es précipitations (f) | precipitation |
| a pluie | rain |
| une goutte de pluie | raindrop |
| une flaque (d'eau) | puddle |
| un nuage | cloud |
| une couche de nuages | cloud layer |
| une averse | shower |
| a rosée | dew |
| une giboulée | sudden (short) shower |
| e crachin | drizzle |
| e brouillard | fog |
| a brume | mist |
| a grêle | hail |
| un grêlon | hailstone |
| un déluge | downpour |
| une inondation | flood |
| un orage | thunderstorm |
| e tonnerre | thunder |
| a foudre | lightning |
| un éclair | (flash of) lightning |
| une éclaircie | sunny interval |
| un arc-en-ciel | rainbow |

## e froid

## cold weather

| | |
|---|---|
| a neige | snow |
| un flocon de neige | snowflake |
| une chute de neige | snowfall |
| une tempête de neige | snowstorm |
| une avalanche | avalanche |
| une boule de neige | snowball |

| | |
|---|---|
| **un chasse-neige** (*same pl*) | snowplough |
| **un bonhomme de neige** | snowman |
| **la gelée** | frost |
| **le gel** | frost |
| **le dégel** | thaw |
| **le givre** | (hoar)frost |
| **le verglas** | (black) ice |
| **la glace** | ice |

## le beau temps — good weather

| | |
|---|---|
| **le soleil** | sun |
| **un rayon de soleil** | ray of sun |
| **la chaleur** | heat |
| **une vague de chaleur** | heatwave |
| **la canicule** | scorching heat |
| **la sécheresse** | dryness, drought |

## le vent — wind

| | |
|---|---|
| **le vent** | wind |
| **un courant d'air** | draught |
| **une rafale** | gust of wind |
| **la bise** | North wind |
| **la brise** | breeze |
| **un ouragan** | hurricane |
| **une tornade** | tornado |
| **la tempête** | storm |

**il fait beau/mauvais (temps)**
the weather is good/bad

**il fait trente degrés à l'ombre/moins dix**
the temperature is 86 in the shade/minus 14

**il pleut (des cordes)**
it's raining (cats and dogs)

**il pleut à verse**
it's pouring

**il neige**
it's snowing

**il y a du soleil/brouillard/verglas**
it's sunny/foggy/icy

**je gèle**
I'm freezing cold

**je crève de chaud**
I'm sweltering

**le vent souffle**
the wind's blowing

**le soleil brille**
the sun's shining

**le tonnerre gronde**
it's thundering

**il fait un temps épouvantable**
the weather is dreadful

**il va pleuvoir demain**
it's going to rain tomorrow

## 29. LA FAMILLE ET LES AMIS
FAMILY AND FRIENDS

| | |
|---|---|
| s'entendre (avec) | to get on well (with) |
| connaître | to know |

## la famille — the family

| | |
|---|---|
| les membres de la famille (*m*) | members of the family |
| les parents (*m*) | parents |
| la mère | mother |
| le père | father |
| la maman | mum |
| le papa | dad |
| l'enfant (*m*) | child |
| le bébé | baby |
| la fille | daughter |
| le fils | son |
| la fille adoptive | adopted daughter |
| le fils adoptif | adopted son |
| la sœur | sister |
| la sœur jumelle | twin sister |
| le frère | brother |
| le frère jumeau | twin brother |
| la grand-mère | grandmother |
| le grand-père | grandfather |
| les grands-parents (*m*) | grandparents |
| les petits-enfants (*m*) | grandchildren |
| la petite-fille | granddaughter |
| le petit-fils | grandson |
| l'arrière-grand-mère (*f*) | great-grandmother |
| l'arrière-grand-père (*m*) | great-grandfather |
| la femme | wife, woman |
| l'épouse (*f*) | wife |
| le mari | husband |
| la fiancée | fiancée |
| le fiancé | fiancé |

| | |
|---|---|
| **la belle-mère** | stepmother, mother-in-law |
| **le beau-père** | stepfather, father-in-law |
| **la belle-fille** | stepdaughter, daughter-in-law |
| **le beau-fils** | stepson, son-in-law |
| **le gendre** | son-in-law |
| **la tante** | aunt |
| **l'oncle** (*m*) | uncle |
| **la cousine** | cousin (*female*) |
| **le cousin** | cousin (*male*) |
| **la nièce** | niece |
| **le neveu** | nephew |
| **la marraine** | godmother |
| **le parrain** | godfather |
| **la filleule** | goddaughter |
| **le filleul** | godson |

## les amis                    friends

| | |
|---|---|
| **les gens** (*m*) | people |
| **l'ami** (*m*) | friend (*male*) |
| **l'amie** (*f*) | friend (*female*) |
| **un(e) camarade** | (school) friend |
| **le copain** | friend (*male*), boyfriend |
| **la copine** | friend (*female*), girlfriend |
| **le petit ami** | boyfriend |
| **la petite amie** | girlfriend |
| **le voisin** | neighbour (*male*) |
| **la voisine** | neighbour (*female*) |

**as-tu des frères et sœurs ?**
have you got any brothers and sisters?

**je n'ai ni frère ni sœur**
I have no brothers or sisters

**je suis enfant unique**
I'm an only child

**ma mère attend un bébé**
my mother is expecting a baby

**je suis l'aîné**
I am the oldest

**mon grand frère a 17 ans**
my big brother is 17

**ma sœur aînée est coiffeuse**
my eldest sister is a hairdresser

**je garde ma petite sœur**
I'm looking after my little sister

**mon frère cadet suce son pouce**
my youngest brother sucks his tumb

**tu es mon meilleur ami, Paul**
you are my best friend, Paul

**Patricia est ma meilleure amie**
Patricia is my best friend

*See also Section* **8 IDENTITY**.

# 30. L'ECOLE ET L'EDUCATION
## SCHOOL AND EDUCATION

| | |
|---|---|
| aller à l'école | to go to school |
| étudier | to study |
| apprendre | to learn |
| apprendre par cœur | to learn by heart |
| faire ses devoirs | to do one's homework |
| réciter | to recite a poem |
| demander | to ask |
| répondre | to answer |
| interroger | to examine |
| passer au tableau | to go to the blackboard |
| savoir | to know |
| avoir la moyenne | to get the pass-mark |
| réviser | to revise |
| passer un examen | to sit an exam |
| réussir ses examens | to pass one's exams |
| être admis | to pass |
| rater ses examens | to fail one's exams |
| échouer à un examen | to fail an exam |
| redoubler (une classe) | to repeat a year |
| renvoyer | to expel, to suspend |
| punir | to punish |
| faire l'école buissonnière | to play truant |
| | |
| absent | absent |
| présent | present |
| appliqué | assiduous |
| studieux (studieuse) | studious |
| distrait | inattentive |
| dissipé | undisciplined |
| capable | able |
| | |
| l'école maternelle (f) | nursery school |
| l'école primaire (f) | primary school |

| | |
|---|---|
| le collège | secondary school, college |
| un CES | secondary school |
| l'école secondaire (f) | secondary school |
| le lycée | secondary school |
| un collège technique | technical college |
| une école de commerce | commercial school |
| un internat | boarding school |
| l'université (f) | university |
| un IUT | polytechnic |

## à l'école

## at school

| | |
|---|---|
| une classe | class |
| la salle de classe | classroom |
| le bureau du directeur/de la directrice | headteacher's office |
| la bibliothèque | library |
| le laboratoire | laboratory |
| le laboratoire de langues | language lab |
| la cantine | dining hall |
| la cour de récréation | playground |
| le préau | covered playground |
| le gymnase | gym(nasium) |

## la salle de classe

## the classroom

| | |
|---|---|
| un pupitre | desk |
| le bureau du professeur | teacher's desk |
| une table | table |
| une chaise | chair |
| un casier | locker |
| un placard | cupboard |
| le tableau (noir) | blackboard |
| la craie | chalk |
| un chiffon | duster |
| une éponge | sponge |
| un cartable | school-bag |
| un cahier | exercise book |
| un livre | book |

| | |
|---|---|
| un dictionnaire | dictionary |
| une trousse | pencilcase |
| un stylo(-bille) | ballpoint pen, biro |
| un stylo (à réservoir) | (fountain) pen |
| un crayon à papier | (lead) pencil |
| un feutre | felt-tip pen |
| un taille-crayon | pencil sharpener |
| une gomme | rubber |
| un pinceau | paint brush |
| la peinture | paint, painting |
| le papier à dessin | drawing paper |
| un chevalet | easel |
| une règle | ruler |
| un compas | pair of compasses |
| une équerre | set-square |
| une calculette | pocket calculator |
| un ordinateur | computer |

## la gymnastique — PE

| | |
|---|---|
| les anneaux (*m*) | rings |
| la corde | rope |
| les barres parallèles (*f*) | parallel bars |
| le cheval d'arçon | horse |
| le tremplin | trampoline |
| le filet | net |
| le ballon | ball |

## les enseignants et les élèves — teachers and pupils

| | |
|---|---|
| un instituteur, une institutrice | primary school teacher |
| le maître | teacher (*man*) |
| la maîtresse | teacher (*woman*) |
| la directrice | headmistress (*in a collège*) |
| le directeur | headmaster (*in a collège*) |
| le proviseur | headteacher (*in a lycée*) |
| le professeur | teacher |
| un(e) prof | teacher |

| | |
|---|---|
| **le professeur de français** | French teacher |
| **le professeur d'anglais** | English teacher |
| **le professeur de mathématiques** | maths teacher |
| **un(e) pion(ne)** | student who supervises pupils |
| **un inspecteur, une inspectrice** | inspector |
| **un(e) élève** | pupil |
| **un(e) collégien(ne)** | schoolboy/girl |
| **un(e) lycéen(ne)** | secondary school pupil |
| **un(e) étudiant(e)** | student |
| **un(e) interne** | boarder |
| **un(e) externe** | day-pupil |
| **un cancre** | dunce |
| **un(e) redoublant(e)** | pupil repeating a year |
| **un(e) bon(ne) élève** | good pupil |
| **un(e) mauvais(e) élève** | bad pupil |
| **une copine** | schoolfriend (*girl*) |
| **un copain** | schoolfriend (*boy*) |

## l'enseignement — teaching

| | |
|---|---|
| **le trimestre** | term |
| **l'emploi du temps** (*m*) | timetable |
| **une matière** | subject |
| **une leçon** | lesson |
| **le cours** | class, course |
| **un cours de français** | French class |
| **un cours de maths** | maths class |
| **un cours de chant** | singing class |
| **les connaissances** (*f*) | knowledge |
| **les progrès** (*m*) | progress |
| **le vocabulaire** | vocabulary |
| **la grammaire** | grammar |
| **une règle de grammaire** | grammatical rule |
| **la conjugaison** | conjugation |
| **l'orthographe** (*f*) | spelling |
| **l'écriture** (*f*) | writing |
| **la lecture** | reading |
| **la récitation** | text recited by heart |
| **un poème** | poem |

| | |
|---|---|
| le calcul | sum, calculus |
| les maths (f) | maths |
| l'algèbre (f) | algebra |
| l'arithmétique (f) | arithmetic |
| la géométrie | geometry |
| une addition | sum |
| une soustraction | subtraction |
| une multiplication | multiplication |
| une division | division |
| une équation | equation |
| un cercle | circle |
| un triangle | triangle |
| un carré | square |
| un rectangle | rectangle |
| un angle | angle |
| un angle droit | right angle |
| la superficie | surface |
| le volume | volume |
| le cube | cube |
| le diamètre | diameter |
| l'histoire (f) | history |
| la géographie | geography |
| les sciences naturelles (f) | science |
| la biologie | biology |
| la chimie | chemistry |
| la physique | physics |
| les langues (f) | languages |
| le français | French |
| la philosophie | philosophy |
| une rédaction | essay |
| une traduction | translation |
| une version | unseen |
| un thème | prose |
| la musique | music |
| le dessin | drawing |
| les travaux manuels (m) | handicrafts |
| l'éducation physique (f) | physical education, PE |
| les devoirs (m) | homework |
| un exercice | exercise |
| un problème | problem, sum |

| | |
|---|---|
| une question | question |
| la réponse | answer |
| une interrogation écrite | written test |
| une interrogation orale | oral test |
| une composition | test, essay |
| un examen | exam(ination) |
| une faute | mistake |
| une bonne note | good mark |
| une mauvaise note | bad mark |
| le résultat | result |
| la moyenne | pass mark |
| le livret scolaire | report |
| un prix | prize |
| un certificat | certificate |
| un diplôme | diploma |
| le bac(calauréat) | A levels |
| le brevet | O levels |
| le CAP | vocational training certificate |
| la discipline | discipline |
| une punition | punishment |
| une retenue | detention |
| la récréation | break |
| la cloche | bell |
| les vacances scolaires (f) | school holidays |
| les grandes vacances (f) | summer holidays |
| les vacances de Pâques (f) | Easter holidays |
| les vacances de Noël (f) | Christmas holidays |
| les classes de neige (f) | organised ski trip |
| la rentrée des classes | beginning of school year |

**mettre une colle à un élève**
to give a pupil detention

**il est en retenue**
he was kept in

**j'ai eu deux heures de retenue**
I got two hours' detention after school

**la cloche a sonné**
the bell has gone

# 81. L'ARGENT
## MONEY

| | |
|---|---|
| acheter | to buy |
| vendre | to sell |
| dépenser | to spend |
| emprunter | to borrow |
| prêter | to lend |
| payer | to pay |
| payer comptant | to pay cash |
| payer cash | to pay cash |
| payer par chèque | to pay by cheque |
| rembourser | to pay back, to reimburse |
| changer | to change |
| acheter à crédit | to buy on HP |
| faire crédit | to give credit |
| retirer de l'argent | to withdraw money |
| verser de l'argent | to pay in money |
| faire des économies | to save money |
| faire ses comptes | to do one's accounts |
| être à découvert | to be in the red |
| | |
| riche | rich |
| pauvre | poor |
| fauché | broke |
| millionnaire | millionaire |
| | |
| l'argent (*m*) | money |
| l'argent de poche (*m*) | pocket money |
| de l'argent liquide (*m*) | cash |
| une pièce (de monnaie) | coin |
| un billet de banque | banknote |
| un porte-monnaie | purse |
| un portefeuille | wallet |
| un paiement | payment |
| une dépense | expense |

| | |
|---|---|
| les économies (*f*) | savings |
| une banque | bank |
| une caisse d'épargne | savings bank |
| un bureau de change | exchange office, bureau de change |
| le cours du change | exchange rate |
| la caisse | till, cashdesk |
| le guichet | counter |
| un distributeur automatique de billets de banque | cash dispenser |
| un compte (en banque) | bank account |
| un compte courant | current account |
| un compte de chèque postal | Giro account |
| un compte d'épargne | savings account |
| un compte sur livret | deposit account |
| un retrait | withdrawal |
| un virement | transfer |
| une carte de crédit | credit card |
| la carte d'identité bancaire | banker's card |
| un chéquier | chequebook |
| un carnet de chèques | chequebook |
| un chèque | cheque |
| un chèque de voyage | traveller's cheque |
| un eurochèque | Eurocheque |
| un formulaire | form |
| un mandat postal | postal order |
| un crédit | credit |
| des dettes (*f*) | debts |
| un prêt | loan (*given*) |
| un emprunt | loan (*taken*) |
| un emprunt-logement | mortgage |
| la monnaie | small change, currency (*of a country*) |
| la Bourse | Stock Exchange |
| une action | share |
| l'inflation (*f*) | inflation |
| le coût de la vie | cost of living |
| le budget | budget |

| | |
|---|---|
| un franc français | French franc |
| un franc belge | Belgian franc |
| un franc suisse | Swiss franc |
| un centime | centime (*1/100 of a franc*) |
| une livre sterling | pound sterling |
| un dollar | dollar |

**un billet de 10 francs**
a 10 franc note

**j'aimerais changer 500 francs français en livres**
I'd like to change 500 French francs into pounds

**quel est le cours du franc français ?**
what is the exchange rate for the French franc?

**j'aimerais payer avec une carte de crédit**
I'd like to pay by credit card

**acceptez-vous les chèques de voyage ?**
do you take/accept traveller's cheques?

**je fais des économies pour m'acheter une moto**
I'm saving up to buy a motorbike

**j'ai un découvert de 500 francs**
I am 500 francs in the red

**j'ai emprunté 2 000 francs à mon père**
I borrowed 2,000 francs from my father

**je suis fauché**
I'm broke

**j'ai de la peine à joindre les deux bouts**
I find it hard to make ends meet

*See also Sections* **10 WORK** *and* **18 SHOPPING**.

# 32. PROBLEMES ACTUELS
## TOPICAL ISSUES

| | |
|---|---|
| discuter | to discuss |
| se disputer | to argue |
| critiquer | to criticise |
| défendre | to defend |
| penser | to think |
| croire | to believe |
| protester | to protest |
| pour | for |
| contre | against |
| favorable à | in favour of |
| opposé à | opposed to |
| intolérant | intolerant |
| large d'idées | broad-minded |
| pourquoi | why |
| un sujet | topic |
| un problème | problem |
| un argument | argument |
| une manifestation | demonstration |
| la société | society |
| les préjugés (m) | prejudice |
| la morale | morals |
| la mentalité | mentality |
| le conflit des générations | generation gap |
| le désarmement | disarmament |
| le nucléaire | nuclear energy |
| la bombe atomique | (nuclear) Bomb |
| la paix | peace |
| la guerre | war |
| la pauvreté | poverty |
| la misère | destitution |
| le chômage | unemployment |
| la violence | violence |
| la criminalité | criminality |
| la contraception | contraception |
| l'avortement (m) | abortion |

| | |
|---|---|
| l'homosexualité (f) | homosexuality |
| un homosexuel | gay man |
| une lesbienne | Lesbian |
| le SIDA | AIDS |
| le sexisme | sexism |
| un macho | male chauvinist |
| la libération de la femme | women's liberation |
| le MLF | Women's Liberation Movement |
| le féminisme | feminism |
| l'égalité (f) | equality |
| la prostitution | prostitution |
| le racisme | racism |
| un(e) noir(e) | black person |
| un étranger, une étrangère | foreigner |
| le mode de vie | life style |
| un immigré | immigrant |
| un(e) réfugié(e) politique | political refugee |
| l'asile politique (m) | political asylum |
| un mariage mixte | mixed marriage |
| l'alcool (m) | alcohol |
| un(e) alcoolique | alcoholic |
| la drogue | drugs |
| une seringue | needle |
| une overdose | overdose |
| la dépendance | addiction, dependence |
| le hachisch | hashish |
| la cocaïne | cocaine |
| l'héroïne (f) | heroin |
| le trafic de drogue | drug trafficking |
| un trafiquant | dealer |

**je suis d'accord avec toi**
I agree with you

**je ne suis pas d'accord (avec toi)**
I don't agree (with you)

**ils sont d'accord**
they agree

**elle se drogue à l'héroïne**
she takes heroin

# 33. LA POLITIQUE
POLITICS

| | |
|---|---|
| gouverner | to govern |
| régner | to rule |
| organiser | to organise |
| manifester | to demonstrate |
| élire | to elect |
| voter pour/contre | to vote for/against |
| réprimer | to repress |
| abolir | to abolish |
| supprimer | to do away with |
| imposer | to impose |
| nationaliser | to nationalise |
| privatiser | to privatise |
| importer | to import |
| exporter | to export |
| | |
| national | national |
| international | international |
| politique | political |
| démocratique | democratic |
| conservateur (conservatrice) | conservative |
| socialiste | socialist |
| communiste | communist |
| marxiste | Marxist |
| fasciste | fascist |
| anarchiste | anarchic |
| capitaliste | capitalist |
| extrémiste | extremist |
| de droite | right-wing |
| de gauche | left-wing |
| | |
| une nation | nation |
| un pays | country |
| un Etat | state |
| une république | republic |
| la République française | French republic, France |
| une monarchie | monarchy |

| | |
|---|---|
| la patrie | homeland |
| le gouvernement | government |
| le parlement | parliament |
| le conseil des ministres | Cabinet |
| la constitution | constitution |
| le chef de l'Etat | Head of State |
| un chef d'Etat | head of state |
| le président, la présidente | president |
| le premier ministre | Prime Minister (*male and female*) |
| un ministre | minister (*male and female*) |
| le ministre des affaires étrangères | foreign minister |
| un député | deputy, MP |
| le maire | mayor |
| un homme politique | politician |
| la politique | politics |
| les élections (*f*) | elections |
| un parti | political party |
| la droite | right |
| la gauche | left |
| le droit de vote | right to vote |
| une circonscription | constituency |
| une urne | ballot box |
| un(e) candidat(e) | candidate |
| la campagne électorale | election campaign |
| le premier/second tour | first/second ballot |
| un sondage d'opinion | opinion poll |
| un(e) citoyen(ne) | citizen |
| des négociations (*f*) | negotiations |
| un débat | debate |
| une loi | law |
| une crise | crisis |
| une manifestation | demonstration |
| un coup d'Etat | coup |
| une révolution | revolution |
| les droits de l'homme (*m*) | human rights |
| une dictature | dictatorship |
| une idéologie | ideology |
| la démocratie | democracy |

| | |
|---|---|
| le socialisme | Socialism |
| le communisme | Communism |
| le fascisme | Fascism |
| le capitalisme | capitalism |
| le pacifisme | pacifism |
| la neutralité | neutrality |
| l'unité (f) | unity |
| la liberté | freedom |
| la gloire | glory |
| l'économie (f) | economy |
| l'opinion publique (f) | public opinion |
| la noblesse | nobility |
| l'aristocratie (f) | aristocracy |
| la bourgeoisie | middle classes |
| la classe ouvrière | working class |
| le peuple | the people |
| un roi | king |
| une reine | queen |
| un empereur | emperor |
| une impératrice | empress |
| un(e) prince(sse) | prince(ss) |
| l'ONU (f) | UN |
| les Nations Unies (f) | United Nations |
| la CEE | EEC |
| la Communauté européenne | European Community |
| le Marché Commun | Common Market |

# 34. LA COMMUNICATION
## COMMUNICATING

| | |
|---|---|
| dire | to say, to tell |
| parler | to talk, to speak |
| raconter | to tell (*story*) |
| répéter | to repeat |
| ajouter | to add |
| affirmer | to affirm |
| déclarer | to declare, to state |
| annoncer | to announce |
| exprimer | to express |
| insister | to insist |
| prétendre | to claim |
| supposer | to suppose |
| douter | to doubt |
| s'entretenir avec | to converse/speak with |
| renseigner | to inform |
| informer | to inform |
| indiquer | to indicate |
| mentionner | to mention |
| promettre | to promise |
| crier | to shout |
| hurler | to yell, to shriek |
| chuchoter | to whisper |
| murmurer | to murmur |
| marmonner | to mumble |
| bégayer | to stammer |
| bafouiller | to splutter (out) |
| bredouiller | to splutter (out) |
| s'énerver | to get worked up |
| répondre | to reply, to answer |
| répliquer | to reply, to retort |
| argumenter | to argue |
| avoir raison | to be right |
| avoir tort | to be wrong |
| persuader | to persuade |
| convaincre | to convince |

| | |
|---|---|
| **influencer** | to influence |
| **approuver** | to approve |
| **contredire** | to contradict |
| **contester** | to contest |
| **objecter** | to object |
| **réfuter** | to refute |
| **exagérer** | to exaggerate |
| **mettre l'accent sur** | to emphasize |
| **prédire** | to predict |
| **confirmer** | to confirm |
| **s'excuser** | to apologize |
| **feindre** | to pretend |
| **tromper** | to deceive |
| **flatter** | to flatter |
| **critiquer** | to criticize |
| **calomnier** | to slander |
| **nier** | to deny |
| **avouer** | to admit, to confess |
| **reconnaître** | to recognize |
| **admettre** | to admit, to confess |
| | |
| **convaincu** | convinced |
| **convainquant** | convincing |
| **vrai** | true |
| **faux (fausse)** | false |
| | |
| **une conversation** | conversation |
| **une discussion** | discussion |
| **un entretien** | discussion, interview |
| **un dialogue** | dialogue |
| **un monologue** | monologue |
| **un discours** | speech |
| **une conférence** | lecture |
| **un débat** | debate |
| **un congrès** | conference |
| **une déclaration** | statement |
| **la parole** | word, speech (*faculty*) |
| **des commérages** (*m*) | gossip |
| **un ragot** | piece of gossip |
| **une opinion** | opinion |
| **une idée** | idea |

| | |
|---|---|
| un point de vue | point of view |
| un argument | argument |
| un malentendu | misunderstanding |
| l'accord (*m*) | agreement |
| le désaccord | disagreement |
| une allusion | allusion, hint |
| une critique | criticism |
| une objection | objection |
| un aveu | confession, admission |
| un micro(phone) | microphone |
| un porte-voix | megaphone |
| | |
| franchement | frankly |
| généralement | generally |
| naturellement | naturally, of course |
| absolument | absolutely |
| vraiment | really |
| entièrement | entirely |
| tout à fait | entirely |
| sans doute | undoubtedly |
| peut-être | maybe |
| mais | but |
| cependant | however |
| ou | or |
| et | and |
| parce que | because |
| donc | therefore |
| grâce à | thanks to |
| malgré | despite |
| à part | except |
| au sujet de | about |
| sauf | except |
| sans | without |
| avec | with |
| presque | almost |

**n'est-ce pas ?**
don't you think?, isn't it?, isn't he?, etc

*See also Sections* **32 TOPICAL ISSUES** *and* **36 PHONE**.

# 35. LA CORRESPONDANCE
## LETTER WRITING

| | |
|---|---|
| écrire | to write |
| griffonner | to scribble |
| noter | to jot down |
| décrire | to describe |
| taper (à la machine) | to type |
| signer | to sign |
| envoyer | to send |
| expédier | to dispatch |
| cacheter | to seal |
| affranchir | to put a stamp on, to frank |
| peser | to weigh |
| poster | to post |
| mettre à la poste | to post |
| renvoyer | to send back |
| faire suivre | to forward |
| contenir | to contain |
| correspondre avec | to correspond with |
| recevoir | to receive |
| répondre | to reply |
| | |
| lisible | legible, readable |
| illisible | illegible |
| par avion | by airmail |
| par exprès | by Swiftair/special delivery |
| (en) recommandé | by registered mail |
| PJ (pièces jointes) | enclosures |
| de la part de | from |
| | |
| une lettre | letter |
| le courrier | mail |
| le papier à lettres | writing paper |
| la date | date |
| la signature | signature |
| une enveloppe | envelope |
| l'adresse (f) | address |
| le destinataire | addressee |

| | |
|---|---|
| l'expéditeur (*m*) | sender |
| le code postal | postcode |
| un timbre | stamp |
| une boîte à/aux lettres | postbox |
| la fente | slot |
| la levée | collection |
| un bureau de poste | post office |
| la poste | post office |
| les PTT *or* P & T | French Post Office and Telecommunications |
| le guichet | counter |
| le tarif postal | postage |
| le tarif normal | first class |
| le tarif réduit | second class |
| un pèse-lettre | letter scales |
| une machine à affranchir | franking machine |
| la poste restante | poste restante |
| un colis | parcel |
| un paquet | parcel |
| un télégramme | telegram, telemessage |
| une carte postale | postcard |
| un accusé de réception | acknowledgement of receipt |
| un formulaire | form |
| un mandat | postal order |
| le contenu | contents |
| le facteur | postman |
| un(e) correspondant(e) | penfriend |
| l'écriture (*f*) | handwriting |
| un brouillon | rough copy, draft |
| un stylo | biro |
| un crayon | pencil |
| un stylo (à encre) | fountain pen |
| une machine à écrire | typewriter |
| une machine de traitement de texte | wordprocessor |
| une note | note |
| un texte | text |
| une page | page |
| un paragraphe | paragraph |
| une phrase | sentence |

| | |
|---|---|
| **une ligne** | line |
| **un mot** | word |
| **le style** | style |
| **une annexe** | enclosure |
| **la suite** | continuation |
| **un devis** | quotation |
| **le titre** | title |
| **la marge** | margin |
| **une carte d'anniversaire** | birthday card |
| **un faire-part** | announcement |
| **une lettre d'amour** | love letter |
| **une réclamation** | complaint |

**Monsieur/Madame**
Dear Sir/Madam

**cher Paul/chère Caroline**
Dear Paul/Caroline

**je vous prie d'agréer, Monsieur/Madame, l'expression de mes sentiments les meilleurs**
Yours faithfully, sincerely

**bien amicalement à vous**
Kind regards

**amitiés**
love

**grosses bises**
lots of love

**j'aimerais trois timbres à 22 pence**
I'd like three 22 pence stamps

**"prière de faire suivre"**
'please forward'

## 36. LE TELEPHONE
THE PHONE

| | |
|---|---|
| appeler | to call, to phone |
| composer | to dial |
| raccrocher | to hang up |
| rappeler | to call back |
| répondre | to answer |
| téléphoner | to phone, to ring |
| donner un coup de téléphone/fil | to make a phone call |
| se tromper de numéro | to dial a wrong number |
| décrocher | to lift the receiver |

| | |
|---|---|
| le téléphone | phone |
| le récepteur | receiver |
| l'écouteur (m) | earpiece |
| la tonalité | dialling tone |
| le cadran | dial |
| un annuaire du téléphone | phone book |
| le Bottin | phone book |
| les pages jaunes (f) | yellow pages |
| une cabine téléphonique | phone box |
| le jeton | token |
| une communication interurbaine | long distance call |
| une communication locale | local call |
| l'indicatif (m) | dialling code |
| le numéro | number |
| un faux numéro | wrong number |
| les renseignements (m) | enquiries |
| l'opératrice (f) | operator |
| une urgence | emergency |

| | |
|---|---|
| occupé | engaged |
| en dérangement | out of order |

il a téléphoné à sa mère
he phoned his mother

**ça sonne**
the phone's ringing

**qui est à l'appareil ?**
who's speaking?

**Jean-Louis à l'appareil**
it's Jean-Louis speaking

**allô ! ici Jean-Louis**
hello, this is Jean-Louis speaking

**j'aimerais parler à Martin/Martine**
I'd like to speak to Martin/Martine

**lui-même/elle-même**
speaking

**ne quittez pas**
hold on

**c'est occupé**
it's engaged

**je regrette, il n'est pas là**
I'm sorry, he's not in

**voulez-vous laisser un message ?**
would you like to leave a message?

**c'est de la part de qui ?**
who shall I say called?/who's calling?

**excusez-moi, je me suis trompé de numéro**
sorry, I've got the wrong number

**voici mon numéro : vingt-deux quarante seize**
my number is two two four zero one six

## 37. LES SALUTATIONS ET LES FORMULES DE POLITESSE
### GREETINGS AND POLITE PHRASES

| | |
|---|---|
| saluer | to greet |
| présenter | to introduce, to express |
| remercier | to thank |
| souhaiter | to wish |
| féliciter | to congratulate |
| lever son verre à la santé de quelqu'un | to drink to someone's health |
| un compliment | compliment |
| s'excuser | to apologize |
| bonjour | hello, good morning/afternoon |
| salut ! | hi!, bye! |
| au revoir | goodbye |
| adieu | farewell |
| bonsoir | good evening |
| bonne nuit | good night, sleep well |
| enchanté(e) | pleased to meet you |
| comment vas-tu/allez-vous ? | how are you? |
| comment ça va ? | how are things? |
| à bientôt | see you soon |
| à toute à l'heure | see you later |
| à demain | see you tomorrow |
| bonne journée ! | have a good day! |
| bon après-midi | have a good afternoon! |
| bon appétit ! | enjoy your meal! |
| bonne chance ! | good luck! |
| bon voyage ! | have a good trip! |
| bonne route ! | safe journey! |
| bienvenue | welcome |
| pardon ! | sorry! |
| pardon ? | sorry? (*didn't hear*) |
| excuse(z)-moi | I'm sorry |
| attention ! | watch out! |

| | |
|---|---|
| oui | yes |
| non | no |
| non merci | no thanks |
| oui, volontiers | yes please |
| avec plaisir | with pleasure |
| s'il vous plaît | please |
| merci | thank you |
| merci beaucoup | thank you very much |
| je t'en/vous en prie | not at all |
| il n'y a pas de quoi | you are welcome |
| à ta/votre santé | cheers! |
| santé | bless you (*after sneezing*) |
| à vos souhaits | bless you (*after sneezing*) |
| d'accord | OK |
| tant mieux | so much the better |
| tant pis | never mind |

## les festivités

## festivities

| | |
|---|---|
| joyeux Noël ! | merry Christmas! |
| bonne année ! | happy New Year! |
| meilleurs vœux ! | best wishes! |
| joyeuses Pâques ! | happy Easter! |
| bon anniversaire ! | happy birthday! |
| félicitations ! | congratulations! |
| bravo ! | well done! |

**je vous présente Gaston Lagaffe**
may I introduce Gaston Lagaffe?

**je vous présente mes meilleurs vœux**
please accept my best wishes

**je vous présente mes condoléances**
please accept my sympathy

**je vous souhaite un bon anniversaire**
may I wish you a happy birthday

**ça m'est égal**
I don't mind

**ça dépend**
it depends

**je regrette**
I'm sorry

**je suis désolé**
I'm terribly sorry

**excusez-moi de vous déranger**
I'm sorry to bother you

**ça vous dérange si je fume ?**
do you mind if I smoke?

**pardon, Madame, pouvez-vous me dire … ?**
excuse me please, could you tell me …?

**c'est dommage**
what a pity

# 38. LES PREPARATIFS DE VOYAGE ET LA DOUANE
## PLANNING A HOLIDAY AND CUSTOMS FORMALITIES

| | |
|---|---|
| partir en vacances | to go on holiday |
| réserver | to book |
| louer | to rent |
| confirmer | to confirm |
| annuler | to cancel |
| se renseigner (sur) | to get information (about) |
| se documenter (sur) | to gather information (about) |
| faire ses bagages | to pack |
| faire ses valises | to pack one's suitcases |
| faire une liste | to make out a list |
| emporter | to take |
| oublier | to forget |
| contracter une assurance | to take out insurance |
| renouveler son passeport | to renew one's passport |
| se faire vacciner | to be vaccinated |
| fouiller | to search |
| déclarer | to declare |
| passer en fraude | to smuggle |
| contrôler | to check |
| | |
| les vacances (f) | holidays |
| l'agence de voyage (f) | travel agent's |
| l'office du tourisme (m) | tourist information centre |
| la brochure | brochure |
| le dépliant | leaflet |
| le voyage organisé | package tour |
| le guide | guide(book) |
| le programme | itinerary |
| la réservation | booking |
| les arrhes (f) | deposit |
| une caution | deposit |
| une liste | list |

| | |
|---|---|
| les bagages (m) | luggage |
| la valise | suitcase |
| le sac de voyage | travel bag |
| le sac à dos | rucksack |
| l'étiquette (f) | label |
| la trousse de toilette | toilet bag |
| le passeport | passport |
| la carte d'identité | identity card |
| le visa | visa |
| le billet | ticket |
| les chèques de voyage (m) | traveller's cheques |
| une assurance-voyage | travel insurance |
| la douane | customs |
| le douanier | customs officer |
| la frontière | border |
| d'avance | in advance |

**rien à déclarer**
nothing to declare

**devons-nous confirmer notre réservation par écrit ?**
should we confirm our booking in writing?

**j'attends avec impatience de partir en vacances**
I'm really looking forward to going on holiday

*See also Sections* **39** *to* **41 RAILWAYS, FLYING** *and* **PUBLIC TRANSPORT** *and* **42 HOTEL.**

## 39. LES CHEMINS DE FER
RAILWAYS

| | |
|---|---|
| réserver | to reserve, to book |
| changer | to change |
| composter | to punch (*ticket to validate it*) |
| descendre | to get off |
| monter | to get on/in |
| avoir du retard | to be late |
| à l'heure | on time |
| en retard | late |
| réservé | reserved |
| occupé | taken, engaged |
| libre | free |
| fumeurs | smoking, smoker |
| non-fumeurs | non-smoking |

### la gare
the station

| | |
|---|---|
| la gare | station |
| la SNCF | French railways |
| les chemins de fer (*m*) | railways |
| le guichet | ticket office |
| un distributeur de billets | ticket vending machine |
| les renseignements (*m*) | information |
| un panneau d'information | indicator board |
| la salle d'attente | waiting room |
| le buffet de la gare | station buffet |
| la consigne | left luggage |
| la consigne automatique | left luggage lockers |
| un chariot | luggage trolley |
| les bagages | luggage |
| le chef de gare | station supervisor |
| le chef de train | guard |
| le contrôleur | ticket collector |
| un cheminot | railwayman |
| un porteur | porter |
| un voyageur | passenger |

| le train | the train |
|---|---|
| un train | train |
| un train de marchandises | freight train |
| un train direct | through train |
| un train rapide | express/Intercity train |
| un express | fast train |
| un train autocouchettes | motorail train |
| un train électrique | electric train |
| un autorail | diesel train |
| un TEE | Trans-Europe-Express train |
| le TGV | high speed train |
| la locomotive | locomotive, engine |
| une locomotive à vapeur | steam engine |
| la voiture de restauration | dining car |
| un wagon | coach |
| la voiture | coach, carriage |
| un wagon-lit | sleeper |
| le wagon-restaurant | dining car |
| la tête du train | front of the train |
| les wagons de queue | rear of the train |
| le fourgon | luggage van |
| le compartiment | compartment |
| une couchette | sleeping berth, couchette |
| les toilettes (f) | toilet |
| la portière | door |
| la fenêtre | window |
| la place | seat |
| le porte-bagages | luggage rack |
| le signal d'alarme | alarm |

| le trajet | the journey |
|---|---|
| le quai | platform |
| les rails (m) | tracks |
| la voie ferrée | track |
| les voies (f) | line |
| le réseau | network |
| un passage à niveau | level crossing |
| un tunnel | tunnel |

| | |
|---|---|
| **un arrêt** | stop |
| **l'arrivée** (*f*) | arrival |
| **le départ** | departure |
| **la correspondance** | connection |

## les billets                    tickets

| | |
|---|---|
| **un billet** | ticket |
| **un billet demi-tarif** | half(-price ticket) |
| **le tarif réduit** | reduced rate |
| **un adulte** | adult |
| **un aller simple** | single (ticket) |
| **un aller retour** | return (ticket) |
| **la classe** | class |
| **la première (classe)** | first class |
| **la seconde (classe)** | second class |
| **une réservation** | booking, reservation |
| **un horaire** | timetable |
| **les jours fériés** (*m*) | public holidays |
| **les jours ouvrables** (*m*) | weekdays |

**je suis allé à Paris en train/j'ai pris le train pour aller à Paris**
I went to Paris by train/I took the train to Paris

**un aller simple/aller-retour pour Dijon, s'il vous plaît**
a single/return to Dijon, please

**à quelle heure part le prochain/dernier train pour Nevers ?**
when is the next/last train for Nevers?

**le train en provenance de Paris a vingt minutes de retard**
the train arriving from Paris is 20 minutes late

**le train à destination de Lourdes**
the train to Lourdes

**dois-je changer de train ?**
do I have to change?

**il faut changer à Lyon**
change at Lyons

**cette place est-elle prise ?**
is this seat taken?

**"présentez vos billets, s'il vous plaît"**
'tickets please'

**j'ai failli manquer mon train**
I nearly missed my train

**il a pris le TGV pour aller à Paris**
he went to Paris on the TGV

**nous devrons courir pour attraper notre correspondance**
we'll have to run to catch the connection

**il est venu me chercher à la gare**
he came and picked me up at the station

**elle m'a accompagné à la gare**
she took me to the station

**bon voyage !**
have a good journey!

## 40. L'AVION
### FLYING

| | |
|---|---|
| **atterrir** | to land |
| **décoller** | to take off |
| **voyager/aller en avion** | to fly (*passenger*) |
| **voler** | to fly (*plane*) |
| **enregistrer ses bagages** | to check in |

### à l'aéroport

### at the airport

| | |
|---|---|
| **l'aéroport** (*m*) | airport |
| **la piste** | runway |
| **la tour de contrôle** | control tower |
| **la compagnie aérienne** | airline |
| **les informations** (*f*) | information |
| **l'enregistrement des bagages** (*m*) | check-in |
| **les bagages à main** (*m*) | hand luggage |
| **la boutique hors taxes** | duty-free shop |
| **l'embarquement** (*m*) | boarding |
| **la salle d'embarquement** | departure lounge |
| **la carte d'embarquement** | boarding pass |
| **la porte** | gate |
| **le retrait des bagages** | baggage claim |
| **le terminal** | terminal |

### à bord

### on board

| | |
|---|---|
| **un avion** | plane |
| **un avion supersonique** | supersonic plane |
| **le jet** | jet |
| **un jumbo-jet** | jumbo jet |
| **le charter** | charter flight/plane |
| **l'aile** (*f*) | wing |
| **l'hélice** (*f*) | propeller |
| **le hublot** | window |
| **la ceinture** | seat belt |

| | |
|---|---|
| issue de secours (f) | emergency exit |
| la sortie de secours | emergency exit |
| une place | seat |
| le vol | flight |
| un vol direct | direct flight |
| un vol interne | domestic flight |
| un vol international | international flight |
| l'altitude (f) | altitude |
| la vitesse | speed |
| le départ | departure |
| le décollage | take-off |
| l'arrivée (f) | arrival |
| l'atterrissage (m) | landing |
| un atterrissage forcé | emergency landing |
| une escale | stop-over |
| le retard | delay |
| l'équipage (m) | crew |
| le pilote | pilot |
| une hôtesse de l'air | stewardess |
| le steward | steward |
| le passager | passenger (*male*) |
| la passagère | passenger (*female*) |
| le pirate de l'air | hijacker |
| annulé | cancelled |
| en retard | delayed |
| fumeurs | smoking |
| non-fumeurs | no smoking |

**j'aimerais une place en non-fumeurs**
I'd like a no smoking seat

**embarquement immédiat, porte numéro 17**
now boarding at gate number 17

**attachez vos ceintures**
fasten your seat belt

# 41. LES TRANSPORTS PUBLICS
## PUBLIC TRANSPORT

| | |
|---|---|
| descendre | to get off |
| monter | to get on |
| attendre | to wait (for) |
| arriver | to arrive |
| changer | to change |
| s'arrêter | to stop |
| se dépêcher | to hurry |
| manquer | to miss |
| resquiller | to dodge the fare |
| un autobus | bus |
| un bus | bus |
| un autocar | coach |
| un car | coach |
| le métro | underground |
| un train de banlieue | local train |
| un taxi | taxi |
| le conducteur | driver |
| le contrôleur | inspector, conductor |
| le passager | passenger |
| un resquilleur | fare dodger |
| la gare routière | bus station |
| la station | station |
| un abribus | bus shelter |
| un arrêt de bus | bus stop |
| le guichet | booking office |
| un distributeur de tickets | ticket machine |
| la salle d'attente | waiting room |
| les renseignements (m) | enquiries |
| la sortie | exit |
| un plan du réseau | network map |
| la ligne | line |
| la rame | underground train |
| le quai | platform |
| le départ | departure |

| | |
|---|---|
| la direction | direction |
| l'arrivée (f) | arrival |
| l'arrière (m) | back |
| l'avant (m) | front |
| la place | seat |
| un ticket | ticket |
| le prix du ticket | fare |
| un carnet de tickets | book of tickets |
| un abonnement | season ticket |
| une carte d'abonnement | season ticket |
| une carte orange | season ticket (in Paris) |
| un adulte | adult |
| un enfant | child |
| la première | first class |
| la seconde | second class |
| la réduction | reduction |
| un supplément | excess fare |
| les heures creuses (f) | off-peak hours |
| les heures de pointe (f) | rush hour |

**je vais à l'école en bus**
I go to school by bus

**quel bus puis-je prendre pour me rendre au Louvre ?**
what bus can I get to go to the Louvre?

**où se trouve la station de métro la plus proche ?**
where is the nearest underground station?

*See also Section **39 RAILWAYS**.*

## 42. A L'HOTEL
### AT THE HOTEL

| | |
|---|---|
| complet | no vacancies |
| fermé | closed |
| confortable | comfortable |
| compris | included |
| un hôtel | hotel |
| une pension | guest house |
| la pension complète | full board |
| la demi-pension | half board |
| le prix par jour | price per day |
| la note | bill |
| le pourboire | tip |
| le service | service |
| la réception | reception |
| une réclamation | complaint |
| une réservation | booking |
| le restaurant | restaurant |
| la salle à manger | dining room |
| le bar | bar |
| un parking | car park |
| un ascenseur | lift |
| le petit déjeuner | breakfast |
| le déjeuner | lunch |
| le dîner | dinner |
| le directeur | manager |
| le/la réceptionniste | receptionist |
| le gardien de nuit | night porter |
| la femme de chambre | chambermaid |

## la chambre                    the room

| | |
|---|---|
| une chambre | room |
| une chambre pour une personne | single room |

| | |
|---|---|
| une chambre pour deux personnes | double room |
| une chambre à deux lits | twin room |
| un grand lit | double bed |
| un lit | bed |
| un lit d'enfant | cot |
| un cabinet de toilette | bathroom (*small*) |
| une salle de bain | bathroom |
| une douche | shower |
| un lavabo | washbasin |
| l'eau chaude (*f*) | hot water |
| les WC (*m*) | toilet |
| la climatisation | air conditioning |
| la sortie de secours | emergency exit |
| le balcon | balcony |
| la vue | view |
| la clé | key |

**un hôtel deux/trois étoiles**
a two/three star hotel

**avez-vous des chambres de libres ?**
have you got any vacancies?

**une chambre avec vue sur la mer**
a room overlooking the sea

**une chambre avec salle de bain**
a room with a private bathroom

**je voudrais une chambre pour une personne/deux personnes**
I'd like a single/double room

**pour combien de nuits ?**
for how many nights?

**nous sommes complets**
we're full

**pouvez-vous me réveiller à sept heures ?**
could you please call me at seven a.m.?

**j'ai la chambre numéro 7**
my room number is 7

**pourriez-vous préparer ma note, s'il vous plaît ?**
could you make up my bill please?

**"ne pas déranger"**
'do not disturb'

## 43. LE CAMPING, LE CARAVANING ET LES AUBERGES DE JEUNESSE
CAMPING, CARAVANNING AND YOUTH HOSTELS

| | |
|---|---|
| camper | to camp |
| faire du camping | to go camping |
| faire du camping sauvage | to camp in the wild |
| faire du caravaning | to go caravanning |
| faire de l'auto-stop | to hitch-hike |
| planter la tente | to pitch the tent |
| démonter la tente | to take down the tent |
| dormir à la belle étoile | to sleep out in the open |
| | |
| le camping | camping, campsite |
| le campeur | camper (*male*) |
| la campeuse | camper (*female*) |
| un terrain de camping | campsite |
| l'emplacement (*m*) | site |
| une tente | tent |
| un matelas pneumatique | Lilo (*R*) |
| le double toit | fly sheet |
| un tapis de sol | ground sheet |
| un piquet | peg |
| une corde | rope |
| un feu | fire |
| un feu de camp | campfire |
| le butagaz (*R*) | Calorgas (*R*) |
| un dépôt de butagaz | place selling Calorgas |
| une recharge | refill |
| un réchaud | stove |
| une gamelle | billy can |
| un canif | pocket knife, penknife |
| un seau | bucket |
| un sac de couchage | sleeping bag |
| une lampe de poche | torch |

| | |
|---|---|
| les sanitaires (*m*) | showers and toilets |
| les douches (*f*) | showers |
| les toilettes (*f*) | toilets |
| l'eau potable (*f*) | drinking water |
| une poubelle | rubbish bin |
| un moustique | mosquito |
| | |
| le caravaning | caravanning |
| un terrain de caravaning | caravan site |
| une caravane | caravan |
| un camping-car | Dormobile (*R*) |
| une remorque | trailer |
| | |
| une auberge de jeunesse | youth hostel |
| le dortoir | dormitory |
| une carte de membre | membership card |
| la corvée | duty |
| un sac à dos | rucksack |
| l'auto-stop (*m*) | hitch-hiking |
| | |
| privé | private |

**est-ce que nous pouvons camper ici ?**
may we camp here?

**"défense de camper"**
'no camping'

**"eau potable"**
'drinking water'

# 44. AU BORD DE LA MER
## AT THE SEASIDE

| | |
|---|---|
| nager | to swim |
| se baigner | to go swimming |
| flotter | to float |
| patauger | to splash about |
| plonger | to dive |
| se noyer | to drown |
| bronzer | to tan |
| se bronzer | to sunbathe |
| prendre un bain de soleil | to sunbathe |
| attraper un coup de soleil | to get sunburnt |
| peler | to peel |
| gicler | to splash |
| avoir le mal de mer | to be seasick |
| ramer | to row |
| couler | to sink |
| chavirer | to capsize |
| (s')embarquer | to embark, to go on board |
| débarquer | to disembark |
| jeter l'ancre | to drop the anchor |
| lever l'ancre | to hoist the anchor |
| | |
| ombragé | shady |
| ensoleillé | sunny |
| bronzé | tanned |
| à l'ombre | in the shade |
| au soleil | in the sun |
| à bord | on board |
| au large de | off the coast of |
| | |
| la mer | sea |
| un lac | lake |
| la plage | beach |
| une piscine | swimming pool |
| un plongeoir | diving board |
| une cabine | beach hut, cabin |
| le sable | sand |

| | |
|---|---|
| les galets (m) | shingle |
| un rocher | rock |
| une falaise | cliff |
| le sel | salt |
| une vague | wave |
| la marée | tide |
| la marée haute | high tide |
| la marée basse | low tide |
| le courant | current |
| la côte | coast |
| un port | harbour |
| le quai | quay |
| la jetée | pier, jetty |
| l'esplanade (f) | esplanade |
| le fond de l'eau | bottom of the water |
| un phare | lighthouse |
| l'horizon (m) | horizon |
| un surveillant de baignade | lifeguard |
| un maître nageur | swimming instructor |
| un capitaine | captain |
| un baigneur, une baigneuse | bather, swimmer |
| un palmier | palm tree |
| un coquillage | shell |
| un poisson | fish |
| un crabe | crab |
| un requin | shark |
| un dauphin | dolphin |
| une mouette | seagull |

## les bateaux — boats

| | |
|---|---|
| un bateau | ship, boat |
| un bateau à rames | rowing boat |
| un bateau à voiles | sailing boat |
| un bateau à moteur | motor boat |
| un voilier | sailing ship, yacht |
| un yacht | yacht |
| un paquebot | liner |
| un ferry(-boat) | ferry |
| un bac | small ferry |
| une barque | small boat |

| | |
|---|---|
| un canot | dinghy |
| un canot pneumatique | rubber dinghy |
| un pédalo | pedalo |
| une rame | oar |
| la voile | sail, sailing |
| une ancre | anchor |

## les accessoires de plage — things for the beach

| | |
|---|---|
| un maillot de bain | swimsuit/trunks |
| un bikini | bikini |
| un bonnet de bain | bathing cap |
| un masque de plongée | goggles |
| un tuba | snorkel |
| des palmes (f) | flippers |
| une bouée | rubber ring, buoy |
| un matelas pneumatique | air mattress |
| une chaise longue | deckchair |
| une serviette de bain | beach towel |
| un parasol | parasol |
| des lunettes de soleil (f) | sunglasses |
| la crème à bronzer | suntan oil |
| le lait solaire | suntan lotion |
| un coup de soleil | sunburn |
| une pelle | spade |
| un râteau | rake |
| un seau | bucket |
| un château de sable | sandcastle |
| le frisbee | frisbee |
| un ballon | ball |

**je ne sais pas nager**
I can't swim

**"baignade interdite"**
'no bathing'

**l'eau est bonne !**
the water's lovely!

**"un homme à la mer !"**
'man overboard!'

# 45. LES MOTS GEOGRAPHIQUES
## GEOGRAPHICAL TERMS

| | |
|---|---|
| le continent | continent |
| le pays | country |
| un pays en voie de développement | developing country |
| la région | area, region |
| une région agricole | agricultural area |
| le département | administrative region (*in France*) |
| la commune | district |
| la ville | town, city |
| le village | village |
| le hameau | hamlet |
| la capitale | capital city |
| la montagne | mountain |
| la chaîne de montagnes | mountain chain |
| la colline | hill |
| la falaise | cliff |
| le sommet | summit |
| le pic | peak |
| le col | pass |
| la vallée | valley |
| la plaine | plain |
| le plateau | plateau |
| les neiges éternelles | permanent snow cover |
| le glacier | glacier |
| le volcan | volcano |
| la mer | sea |
| l'océan (*m*) | ocean |
| le lac | lake |
| la rivière | river |
| le fleuve | (large) river |
| le ruisseau | stream |
| le canal | canal |

| | |
|---|---|
| **la mare** | pond |
| **l'étang** (m) | pond |
| **la source** | spring |
| **la côte** | coast |
| **l'île** (f) | island |
| **la presqu'île** | peninsula |
| **la péninsule** | peninsula |
| **le promontoire** | promontory |
| **la baie** | bay |
| **l'estuaire** (m) | estuary |
| **le désert** | desert |
| **la forêt** | forest |
| **la latitude** | latitude |
| **la longitude** | longitude |
| **l'altitude** (f) | altitude |
| **la profondeur** | depth |
| **la superficie** | area |
| **la population** | population |
| **le monde** | world |
| **l'univers** (m) | universe |
| **les tropiques** (f) | Tropics |
| **le Pôle Nord** | North Pole |
| **le Pôle Sud** | South Pole |
| **l'équateur** (m) | Equator |
| **une planète** | planet |
| **la terre** | earth |
| **le soleil** | sun |
| **la lune** | moon |
| **une étoile** | star |

**quelle est la plus haute montagne d'Europe ?**
what is the highest mountain in Europe?

*See also Sections* **46 COUNTRIES** *and* **47 NATIONALITIES.**

## 46. LES PAYS, LES CONTINENTS ET LES NOMS DE LIEU
### COUNTRIES, CONTINENTS AND PLACE NAMES

| pays | countries |
|------|-----------|
| l'Algérie (f) | Algeria |
| l'Allemagne (f) | Germany |
| l'Allemagne de l'Est (f) | East Germany |
| l'Allemagne de l'Ouest (f) | West Germany |
| l'Angleterre (f) | England |
| l'Autriche (f) | Austria |
| la Belgique | Belgium |
| le Canada | Canada |
| la Chine | China |
| le Danemark | Denmark |
| l'Ecosse (f) | Scotland |
| l'Egypte (f) | Egypt |
| l'Espagne (f) | Spain |
| les Etats-Unis (m) | United States |
| la Finlande | Finland |
| la France | France |
| la Grande-Bretagne | Great Britain |
| la Grèce | Greece |
| la Hollande | Holland |
| la Hongrie | Hungary |
| l'Inde (f) | India |
| l'Irlande (f) | Ireland, Eire |
| l'Irlande du Nord (f) | Northern Ireland |
| Israël (m) | Israel |
| l'Italie (f) | Italy |
| le Japon | Japan |
| la Libye | Libya |
| le Luxembourg | Luxembourg |
| le Maroc | Morocco |

| | |
|---|---|
| **la Norvège** | Norway |
| **la Palestine** | Palestine |
| **les Pays-Bas** (*m*) | Netherlands |
| **le Pays de Galles** | Wales |
| **la Pologne** | Poland |
| **le Portugal** | Portugal |
| **le Royaume-Uni** | United Kingdom |
| **la Russie** | Russia |
| **la Scandinavie** | Scandinavia |
| **la Suède** | Sweden |
| **la Suisse** | Switzerland |
| **la Tchécoslovaquie** | Czechoslovakia |
| **la Tunisie** | Tunisia |
| **la Turquie** | Turkey |
| **l'URSS** (*f*) | USSR |
| **les USA** (*m*) | USA |

## continents

continents

| | |
|---|---|
| **l'Afrique** (*f*) | Africa |
| **l'Amérique** (*f*) | America |
| **l'Amérique du Nord** | North America |
| **l'Amérique du Sud** | South America |
| **l'Asie** (*f*) | Asia |
| **l'Australie** (*f*) | Australia |
| **l'Europe** (*f*) | Europe |

## villes

cities

| | |
|---|---|
| **Bruxelles** | Brussels |
| **Douvres** | Dover |
| **Edimbourg** | Edinburgh |
| **Genève** | Geneva |
| **Londres** | London |
| **Lyon** | Lyons |
| **Marseille** | Marseilles |
| **Moscou** | Moscow |
| **Paris** | Paris |

## régions

## regions

| | |
|---|---|
| le Tiers Monde | Third World |
| les Pays de l'Est | Eastern Bloc countries |
| l'Orient (*m*) | East |
| le Moyen Orient | Middle East |
| l'Extrême Orient (*m*) | Far East |
| le Maghreb | countries of North Africa |
| la Scandinavie | Scandinavia |
| la Bretagne | Brittany |
| le Midi | South of France |
| la Côte d'Azur | French Riviera |
| la Normandie | Normandy |
| le Pays Basque | Basque country |
| la Cornouaille | Cornwall |
| les îles de la Manche (*f*) | Channel Islands |

## mers, rivières, îles et montagnes

## seas, rivers, islands and mountains

| | |
|---|---|
| la Méditerranée | Mediterranean |
| la Mer du Nord | North Sea |
| l'Atlantique (*m*) | Atlantic |
| le Pacifique | Pacific |
| l'océan Indien (*m*) | Indian Ocean |
| le Golfe de Gascogne | Bay of Biscay |
| la Manche | English Channel |
| le Rhin | Rhine |
| le Rhône | Rhone |
| la Seine | Seine |
| la Loire | Loire |
| la Tamise | Thames |
| les Antilles (*f*) | West Indies |
| la Corse | Corsica |
| les Alpes (*f*) | Alps |
| les Pyrénées (*f*) | Pyrenees |

**je viens de Tunisie**
I come from Tunisia

**j'ai passé mes vacances en Espagne**
I spent my holidays in Spain

**la Hollande est un pays plat**
Holland is a flat country

**en Ecosse il pleut beaucoup**
it rains a lot in Scotland

**j'aimerais aller en Chine**
I would like to go to China

**j'habite (à) Paris**
I live in Paris

**je vais à Marseille**
I'm going to Marseilles

*See also Section* **47 NATIONALITIES**.

# 47. NATIONALITES
## NATIONALITIES

| pays | countries |
|------|-----------|
| **étranger (étrangère)** | foreign |
| **algérien(ne)** | Algerian |
| **allemand** | German |
| **américain** | American |
| **anglais** | English |
| **australien(ne)** | Australian |
| **autrichien(ne)** | Austrian |
| **belge** | Belgian |
| **britannique** | British |
| **canadien(ne)** | Canadian |
| **chinois** | Chinese |
| **danois** | Danish |
| **écossais** | Scottish |
| **espagnol** | Spanish |
| **flamand** | Flemish |
| **français** | French |
| **gallois** | Welsh |
| **grec (grecque)** | Greek |
| **hollandais** | Dutch |
| **irlandais** | Irish |
| **italien(ne)** | Italian |
| **japonais** | Japanese |
| **marocain** | Moroccan |
| **néerlandais** | from the Netherlands |
| **norvégien(ne)** | Norwegian |
| **polonais** | Polish |
| **portugais** | Portuguese |
| **québécois** | from Quebec |
| **russe** | Russian |
| **soviétique** | Soviet |
| **suédois** | Swedish |

| | |
|---|---|
| suisse | Swiss |
| suisse allemand | German-speaking Swiss |
| suisse romand | French-speaking Swiss |
| tunisien(ne) | Tunisian |
| wallon(ne) | Walloon (*French-speaking Belgian*) |

## régions et villes

## areas and cities

| | |
|---|---|
| oriental | Oriental |
| occidental | Western |
| africain | African |
| asiatique | Asian |
| européen(ne) | European |
| arabe | Arabic |
| scandinave | Scandinavian |
| alsacien(ne) | from Alsace, Alsatian |
| basque | Basque |
| bourguignon(ne) | from Burgundy, Burgundian |
| breton(ne) | from Brittany, Breton |
| méridional | from the South of France |
| normand | from Normandy, Norman |
| provençal | from Provence, Provençal |
| corse | Corsican |
| parisien(ne) | Parisian |
| londonien(ne) | from London |
| un Français | a Frenchman |
| une Française | a Frenchwoman |
| un Anglais | an Englishman |
| une Anglaise | an Englishwoman |

**les Français boivent beaucoup de vin**
the French drink a lot of wine

**Donald est écossais**
Donald is Scottish

**j'aime la cuisine chinoise**
I like Chinese food

**j'habite dans la banlieue parisienne**
I live in the suburbs of Paris

## 48. LES LANGUES
LANGUAGES

| | |
|---|---|
| apprendre | to learn |
| apprendre par cœur | to learn by heart |
| comprendre | to understand |
| écrire | to write |
| lire | to read |
| parler | to speak |
| répéter | to repeat |
| prononcer | to pronounce |
| traduire | to translate |
| s'améliorer | to improve |
| vouloir dire | to mean |

| | |
|---|---|
| le français | French |
| l'anglais (*m*) | English |
| l'allemand (*m*) | German |
| l'espagnol (*m*) | Spanish |
| le portugais | Portuguese |
| l'italien (*m*) | Italian |
| le grec moderne | modern Greek |
| le grec ancien | classical Greek |
| le latin | Latin |
| le russe | Russian |
| le chinois | Chinese |
| le japonais | Japanese |
| le gaélique | Gaelic |

| | |
|---|---|
| une langue | language |
| la langue maternelle | native language |
| une langue étrangère | foreign language |
| les langues vivantes | modern languages |
| les langues mortes | dead languages |
| le vocabulaire | vocabulary |
| la grammaire | grammar |
| un accent | accent |

**je ne comprends pas**
I don't understand

**j'apprends le français**
I am learning French

**elle parle couramment l'espagnol**
she speaks Spanish fluently

**il parle l'anglais comme une vache espagnole**
he murders the English language

**il est de langue maternelle anglaise**
English is his native language

**pourriez-vous parler plus lentement, s'il vous plaît ?**
could you speak more slowly, please?

**pourriez-vous répéter, s'il vous plaît ?**
could you repeat that, please?

**Patrick est doué pour les langues**
Patrick is good at languages

*See also Section* **47 NATIONALITIES**.

## 49. VACANCES EN FRANCE
### HOLIDAYS IN FRANCE

| | |
|---|---|
| visiter | to visit |
| voyager | to travel |
| s'intéresser à | to be interested in |
| se plaindre | to complain |
| chauvin | jingoistic |
| célèbre | famous |
| pittoresque | picturesque |
| ouvert | open |
| fermé | closed |
| en vacances | on holiday |
| à l'étranger | abroad |

## le tourisme
## tourism

| | |
|---|---|
| les vacances (f) | holidays |
| un(e) touriste | tourist |
| un étranger, une étrangère | foreigner |
| l'office du tourisme (m) | tourist office |
| le syndicat d'initiative | tourist information bureau |
| les curiosités (f) | attractions |
| les sites (m) | places of interest |
| une station | resort |
| un gîte | self-catering flat/cottage |
| les spécialités (f) | specialities |
| l'artisanat (m) | crafts |
| un souvenir | souvenir |
| un(e) guide | guide |
| un guide | guidebook |
| un manuel de conversation | phrasebook |
| une carte | map |
| la visite | visit |
| une visite guidée | guided tour |

| | |
|---|---|
| un voyage | journey, trip |
| un voyage organisé | package holiday |
| un échange | exchange |
| le séjour | stay |
| une excursion | excursion, walk |
| une excursion en car | coach trip |
| le groupe | group, party |
| la taxe de séjour | tourist tax |
| le consulat | consulate |
| l'ambassade (f) | embassy |
| l'hospitalité (f) | hospitality |

## les symboles de la France

symbols of France

| | |
|---|---|
| l'hexagone (m) | France (*its hexagonal shape*) |
| la Tour Eiffel | the Eiffel Tower |
| le coq | the French cockerel |
| le drapeau tricolore | the French flag |
| la fleur de lis | fleur-de-lis (*emblem of French kings*) |
| la fête nationale | national holiday |
| le quatorze juillet | 14th of July |
| un bal du quatorze juillet | open-air dance on the national holiday |
| le jour de la Bastille | Bastille Day |
| l'hymne national (m) | national anthem |
| la Marseillaise | the Marseillaise |
| un béret | beret |
| le Centre Pompidou | modern art gallery in modern building (*Paris*) |
| le Louvre | the Louvre museum (*Paris*) |
| Jeanne d'Arc | Joan of Arc |
| Louis XIV/quatorze | Louis the Fourteenth |

## les coutumes

customs

| | |
|---|---|
| **le mode de vie** | way of life |
| **la culture** | culture |
| **la cuisine** | cooking |
| **la gastronomie** | gastronomy |
| **les cafés** (*m*) | cafés (*serving wine, beer, coffee, tea, snacks etc*) |
| **la viticulture** | wine growing |
| **la haute couture** | fashion |
| **l'argot** (*m*) | slang |

**"vive la France !"**
'long live France!'

**"n'oubliez pas le guide"**
'don't forget to tip your guide'

*See also Sections* **25 CITY, 26 CARS, 38 PLANNING A HOLIDAY, 39 RAILWAYS, 40 FLYING, 41 PUBLIC TRANSPORT, 42 HOTEL, 43 CAMPING, 44 SEASIDE, 45 GEOGRAPHICAL TERMS** *and* **64 DIRECTIONS.**

## 50. LES INCIDENTS
INCIDENTS

| | |
|---|---|
| arriver | to happen |
| se passer | to happen |
| se produire | to occur |
| avoir lieu | to take place |
| rencontrer | to meet |
| coïncider | to coincide |
| se (re)trouver | to find oneself |
| manquer | to miss |
| lâcher | to drop, to let go of |
| renverser | to spill, to knock over |
| tomber | to fall |
| abîmer | to spoil |
| endommager | to damage |
| casser | to break |
| briser | to break |
| provoquer | to cause |
| faire attention | to be careful |
| oublier | to forget |
| perdre | to lose |
| chercher | to look for |
| reconnaître | to recognize |
| trouver | to find |
| retrouver | to find (again) |
| se perdre | to get lost |
| s'égarer | to get lost |
| perdre son chemin | to lose one's way |
| demander son chemin | to ask one's way |
| | |
| distrait | absent-minded |
| maladroit | clumsy |
| inattendu | unexpected |
| autre | other |
| | |
| par hasard | by chance |
| par inadvertance | inadvertently |
| par mégarde | inadvertently |

| | |
|---|---|
| **heureusement** | luckily, fortunately |
| **malheureusement** | unfortunately |
| **une coïncidence** | coincidence |
| **une surprise** | surprise |
| **la chance** | luck |
| **la malchance** | bad luck |
| **la poisse** | rotten luck |
| **le hasard** | chance |
| **une mésaventure** | misadventure |
| **une rencontre** | meeting, encounter |
| **l'étourderie** (f) | heedlessness |
| **une chute** | fall |
| **les dégâts** (m) | damage |
| **un oubli** | forgetfulness |
| **la perte** | loss |
| **le bureau des objets trouvés** | lost property office |
| **une récompense** | reward |

> **quelle coïncidence !**
> what a coincidence!
>
> **quelle poisse !**
> just my luck!
>
> **attention !**
> watch out!

# 51. LES ACCIDENTS
ACCIDENTS

| | |
|---|---|
| circuler | to go (*car*) |
| rouler | to drive, to go (*car*) |
| prendre des risques inutiles | to take needless risks |
| refuser la priorité | not to give way |
| brûler un feu | to go through a red light |
| brûler un stop | to ignore a stop sign |
| déraper | to skid |
| glisser | to slide |
| dévaler | to hurtle down |
| éclater | to burst |
| perdre le contrôle de | to lose control of |
| faire un tonneau | to somersault |
| s'écraser contre | to run into |
| heurter | to run into |
| écraser | to run over |
| démolir | to wreck, to demolish |
| endommager | to damage |
| détruire | to wreck, to destroy |
| être coincé | to be trapped |
| être en état de choc | to be in a state of shock |
| perdre connaissance | to lose consciousness |
| reprendre connaissance | to regain consciousness |
| être dans le coma | to be in a coma |
| mourir sur le coup | to die on the spot |
| être témoin de | to witness |
| établir un constat | to draw up a report |
| indemniser | to compensate |
| dérailler | to be derailed |
| faire naufrage | to be (ship)wrecked |
| glisser | to slip |
| se noyer | to drown |
| étouffer | to suffocate |
| tomber (de) | to fall (from) |
| tomber par la fenêtre | to fall out of the window |
| recevoir une décharge électrique | to get an electric shock |

| | |
|---|---|
| s'électrocuter | to electrocute oneself |
| se brûler | to burn oneself |
| s'ébouillanter | to scald oneself |
| se couper | to cut oneself |
| ivre | drunk |
| blessé | injured |
| mort | dead |
| grave | serious |
| assuré | insured |

## les accidents de voiture   road accidents

| | |
|---|---|
| un accident | accident |
| un accident de voiture | car accident |
| un accident de la circulation | road accident |
| le code de la route | Highway Code |
| une collision | car crash |
| un carambolage | pile-up |
| le choc | impact |
| une explosion | explosion |
| un excès de vitesse | speeding |
| un alcootest | Breathalyser, breath test |
| la conduite en état d'ébriété | drunken driving |
| la fatigue | fatigue |
| le manque de visibilité | poor visibility |
| le brouillard | fog |
| la pluie | rain |
| le verglas | black ice |
| un précipice | cliff, precipice |
| les dégâts (*m*) | damage |
| les dommages (*m*) | damage |

## autres accidents   other accidents

| | |
|---|---|
| un naufrage | shipwreck |
| un accident d'avion | plane crash |
| un déraillement | derailment |
| un accident du travail | industrial accident |

| | |
|---|---|
| un accident de montagne | mountaineering accident |
| une chute | fall |
| une noyade | drowning |
| une décharge (électrique) | electric shock |

## les blessés et les témoins injured persons and witnesses

| | |
|---|---|
| un(e) blessé(e) | injured person |
| un(e) blessé(e) grave | seriously injured person |
| un(e) mort(e) | dead person |
| un témoin | witness |
| un témoin oculaire | eye witness |
| une commotion | concussion |
| une blessure | injury |
| une brûlure | burn |
| une hémorragie | loss of blood |
| le sang-froid | composure |

## les secours help

| | |
|---|---|
| police-secours (f) | emergency services |
| la police | police |
| les pompiers (m) | firemen |
| les premiers secours (m) | first aid |
| une urgence | emergency |
| une ambulance | ambulance |
| un docteur | doctor |
| un infirmier, une infirmière | nurse |
| une trousse de premiers secours | first aid kit |
| un brancard | stretcher |
| la respiration artificielle | artificial respiration |
| le bouche à bouche | kiss of life |
| l'oxygène (m) | oxygen |
| un garrot | tourniquet |
| un extincteur | extinguisher |
| une dépanneuse | breakdown vehicle |

| **les conséquences** | the consequences |
|---|---|
| **les dégâts** (*m*) | damage |
| **un constat** | report |
| **une amende** | fine |
| **le retrait du permis** | loss of driving licence |
| **la justice** | justice |
| **une condamnation** | sentence |
| **l'assurance** (*f*) | insurance |
| **la responsabilité** | responsibility |

**ses freins ont lâché**
his brakes failed

**il s'en tire avec quelques égratignures**
he's lucky, he escaped with only a few scratches

**ma voiture est bonne pour la casse**
my car is a write-off

**on lui a retiré son permis de conduire**
he lost his driving licence

*See also Sections* **6 HEALTH**, **26 CARS**, **28 WEATHER** *and* **52 DISASTERS**.

## 52. LES DESASTRES
DISASTERS

| | |
|---|---|
| attaquer | to attack |
| défendre | to defend |
| s'effondrer | to collapse |
| s'écrouler | to collapse |
| mourir de faim | to starve |
| entrer en éruption | to erupt |
| exploser | to explode |
| trembler | to shake |
| étouffer | to suffocate |
| suffoquer | to suffocate |
| brûler | to burn |
| éteindre | to extinguish |
| donner l'alarme | to raise the alarm |
| sauver | to rescue |
| couler | to sink |

## la guerre
### war

| | |
|---|---|
| l'armée (f) | army |
| la marine | navy |
| l'armée de l'air (f) | air force |
| un ennemi | enemy |
| un allié | ally |
| le champ de bataille | battlefield |
| un bombardement | bombing |
| une bombe | bomb |
| une bombe atomique | atomic bomb |
| une bombe H | hydrogen bomb |
| un obus | shell |
| un missile | missile |
| un tank | tank |
| un char d'assaut | tank |
| un fusil | gun |
| une mitraillette | machine-gun |
| une mine | mine |
| les civils (m) | civilians |

| | |
|---|---|
| un soldat | soldiers |
| un général | general |
| un colonel | colonel |
| un sergent | sergeant |
| un capitaine | captain |
| la cruauté | cruelty |
| la torture | torture |
| la mort | death |
| une blessure | wound |
| une victime | victim |
| un abri antiaérien | air-raid shelter |
| un abri antiatomique | nuclear shelter |
| des retombées radioactives (f) | radioactive fallout |
| une trêve | truce |
| un traité | treaty |
| la victoire | victory |
| la défaite | defeat |
| la paix | peace |

## les catastrophes naturelles

### natural disasters

| | |
|---|---|
| la sécheresse | drought |
| la famine | famine |
| la malnutrition | malnutrition |
| le manque de | lack of |
| une épidémie | epidemic |
| une tornade | tornado |
| un cyclone | cyclone |
| un raz-de-marée | tidal wave |
| une inondation | flooding |
| un tremblement de terre | earthquake |
| un volcan | volcano |
| une éruption volcanique | volcanic eruption |
| la lave | lava |
| une avalanche | avalanche |
| la Croix-Rouge | the Red Cross |
| un volontaire | volunteer |
| le sauvetage | rescue |
| un SOS | SOS |

## les incendies

| | |
|---|---|
| un incendie | fire (*blaze*) |
| la fumée | smoke |
| les flammes (*f*) | flames |
| une explosion | explosion |
| les pompiers | fire brigade |
| un pompier | fireman |
| une voiture de pompiers | fire engine |
| une échelle | ladder |
| une lance | hose |
| la sortie de secours | emergency exit |
| la panique | panic |
| une ambulance | ambulance |
| une urgence | emergency |
| les secours (*m*) | help |
| la respiration artificielle | artificial respiration |
| un(e) survivant(e) | survivor |

## fires

> **"au secours !"**
> 'help!'

> **"au feu !"**
> 'fire!'

*See also Section **51** ACCIDENTS.*

carbon

# 53. LES CRIMES
CRIMES

| | |
|---|---|
| voler | to steal |
| cambrioler | to burgle |
| assassiner | to assassinate |
| tuer | to kill |
| poignarder | to stab |
| étrangler | to strangle |
| abattre | to shoot |
| empoisonner | to poison |
| attaquer | to attack |
| menacer | to threaten |
| forcer | to force |
| violer | to rape |
| tromper | to swindle |
| escroquer | to embezzle |
| espionner | to spy |
| se prostituer | to prostitute oneself |
| droguer | to drug |
| kidnapper | to kidnap |
| enlever | to abduct |
| prendre en hôtage | to take hostage |
| mettre le feu à | to set fire to |
| arrêter | to arrest |
| enquêter | to investigate |
| mener une enquête | to lead an investigation |
| interroger | to question, to interrogate |
| fouiller | to search |
| passer à tabac | to beat up |
| emprisonner | to imprison |
| cerner | to surround |
| boucler | to seal off, to lock up |
| sauver | to rescue |
| défendre | to defend |
| accuser | to accuse |
| juger | to judge, to try |

| prouver | to prove |
| condamner | to sentence, to convict |
| acquitter | to acquit |
| avoir le droit de | to be allowed to |
| coupable | guilty |
| innocent | innocent |
| interdit | forbidden |

## le crime crime

| un vol | theft |
| un cambriolage | burglary |
| une effraction | break-in |
| un hold-up | hold-up |
| une attaque | attack |
| une attaque à main armée | armed attack |
| un meurtre | murder |
| un homicide | murder |
| une escroquerie | fraud |
| un abus de confiance | confidence trick |
| le chantage | blackmail |
| un viol | rape |
| la prostitution | prostitution |
| le proxénétisme | procuring |
| le trafic de drogue | drug trafficking |
| la contrebande | smuggling |
| l'espionnage (m) | spying |
| un otage | hostage |
| un assassin | murderer |
| un meurtrier, une meurtrière | murderer |
| un voleur, une voleuse | thief |
| un cambrioleur, une cambrioleuse | burglar |
| un maquereau | pimp |
| un trafiquant | drug dealer |
| un pyromane | arsonist |

## les armes du crime — weapons

| | |
|---|---|
| un pistolet | pistol |
| un revolver | gun, revolver |
| un fusil | gun, rifle |
| un couteau | knife |
| un poignard | dagger |
| le poison | poison |
| un coup de poing | punch |

## la police — police

| | |
|---|---|
| un policier | policeman |
| un gendarme | policeman (*in small town*) |
| un CRS | riot policeman |
| un détective | detective |
| un commissaire | superintendent |
| le commissariat | police station |
| la gendarmerie | police station (*in small town*) |
| le poste de police | police station |
| un constat | report |
| les recherches (*f*) | investigations |
| une enquête | enquiry |
| un chien policier | police dog |
| un indicateur | informer |
| une matraque | truncheon |
| les menottes (*f*) | handcuffs |
| un casque | helmet |
| un bouclier | shield |
| le gaz lacrymogène | tear gas |
| une fourgonnette de police | police van |
| une cellule | cell |

| le système judiciaire | the judicial system |
|---|---|
| le procès | trial |
| un(e) accusé(e) | accused |
| la victime | victim (*male and female*) |
| une preuve | proof |
| un témoin | witness (*male and female*) |
| un(e) avocat(e) | lawyer |
| le juge | judge |
| les jurés (*m*) | jury |
| la défense | defence |
| une condamnation | sentence |
| un sursis | reprieve, suspended sentence |
| une remise de peine | reduced sentence |
| une amende | fine |
| la réclusion | imprisonment |
| la prison | prison |
| la prison à vie | life sentence |
| la peine de mort | death sentence |
| la chaise électrique | electric chair |
| la guillotine | guillotine |
| la mort par pendaison | hanging |
| une erreur judiciaire | miscarriage of justice |

il a été condamné à **20 ans de réclusion**
he was sentenced to 20 years' imprisonment

## 54. LES AVENTURES ET LES REVES
ADVENTURES AND DREAMS

| | |
|---|---|
| jouer | to play |
| s'amuser | to have fun |
| imaginer | to imagine |
| arriver | to happen |
| se cacher | to hide |
| se sauver | to run off |
| s'échapper | to escape |
| chasser | to chase |
| découvrir | to discover |
| explorer | to explore |
| oser | to dare |
| faire attention | to be careful |
| se déguiser (en) | to dress up (as a) |
| faire l'école buissonnière | to play truant |
| jouer à cache-cache | to play hide-and-seek |
| prendre ses jambes à son cou | to take to one's heels |
| ensorceler | to bewitch |
| dire la bonne aventure | to tell fortunes |
| prophétiser | to foretell |
| rêver | to dream |
| rêvasser | to daydream |
| faire un rêve | to have a dream |
| faire un cauchemar | to have a nightmare |

## les aventures — adventures

| | |
|---|---|
| une aventure | adventure |
| une mésaventure | misadventure |
| un jeu | game |
| un terrain de jeux | playground |
| un voyage | journey |
| la fuite | escape |
| un déguisement | disguise |
| l'inconnu (*m*) | unknown |

| | |
|---|---|
| un événement | event |
| une découverte | discovery |
| le hasard | chance |
| la chance | luck |
| la malchance | ill-luck |
| le danger | danger |
| un risque | risk |
| une cachette | hiding place |
| une grotte | cave |
| une île | island |
| un trésor | treasure |
| le courage | courage |
| la témérité | recklessness |
| la lâcheté | cowardice |

## les contes et légendes — fairy tales and legends

| | |
|---|---|
| un sorcier | wizard |
| une sorcière | witch |
| un(e) magicien(ne) | magician |
| une fée | fairy |
| un enchanteur | sorcerer |
| un prophète | prophet, seer |
| un gnome | gnome |
| un lutin | imp, goblin |
| un (petit) nain | dwarf |
| un géant | giant |
| un fantôme | ghost |
| un revenant | ghost |
| un squelette | skeleton |
| un vampire | vampire |
| un dragon | dragon |
| un loup-garou | werewolf |
| un monstre | monster |
| un extraterrestre | extra-terrestrial |
| un hibou | owl |
| un crapaud | toad |
| un chat noir | black cat |

| | |
|---|---|
| un château hanté | haunted castle |
| une maison hantée | haunted house |
| un cimetière | cemetery |
| un vaisseau spatial | space ship |
| un OVNI | UFO |
| l'univers (m) | universe |
| la magie | magic |
| la superstition | superstition |
| une baguette magique | magic wand |
| un tapis volant | flying carpet |
| le balai | broomstick |
| une boule de cristal | crystal ball |
| le tarot | tarot |
| les lignes de la main (f) | lines of the hand |
| la pleine lune | full moon |

## les rêves

## dreams

| | |
|---|---|
| un rêve | dream |
| la rêverie | daydreaming |
| un cauchemar | nightmare |
| l'imagination (f) | imagination |
| l'inconscient (m) | subconscious |
| une hallucination | hallucination |
| le réveil | awakening |

**j'ai fait un beau rêve/affreux cauchemar**
I've had a nice dream/horrible nightmare

**sais-tu ce qui m'est arrivé hier ?**
do you know what happened to me yesterday?

**tu as trop d'imagination**
you're overimaginative

# 55. L'HEURE
## THE TIME

| les objets qui indiquent l'heure | things that tell the time |
|---|---|
| une montre | watch |
| une pendule | (small) clock |
| une horloge | (large) clock |
| un réveil | alarm clock |
| un chronomètre | stopwatch |
| l'horloge parlante (f) | speaking clock |
| la minuterie | timer |
| la sonnerie | ringing |
| le clocher | bell tower |
| la cloche | bell |
| le cadran solaire | sun dial |
| le sablier | eggtimer |
| les aiguilles d'une montre (f) | hands of a watch |
| la petite aiguille | minute hand |
| la grande aiguille | hour hand |
| le fuseau horaire | time zone |

| quelle heure est-il ? | what time is it? |
|---|---|
| une heure | one o'clock |
| huit heures du matin | eight am, eight o'clock in the morning |
| huit heures cinq | five (minutes) past eight |
| huit heures et quart | a quarter past eight |
| dix heures et demie | ten thirty, half past ten |
| onze heures moins vingt | twenty to eleven |
| onze heures moins le quart | a quarter to eleven |
| midi et quart | twelve fifteen, a quarter past twelve |
| deux heures de l'après-midi | two pm, two o'clock in the afternoon |

| | |
|---|---|
| quatorze heures | two pm |
| quatorze heures trente | two thirty pm |
| dix heures du soir | ten pm, ten o'clock in the evening |

## la division du temps

## divisions of time

| | |
|---|---|
| le temps | time |
| l'heure (f) | time (*by the clock*) |
| un instant | moment, instant |
| un moment | moment |
| une seconde | second |
| une minute | minute |
| un quart d'heure | quarter of an hour |
| une demi-heure | half an hour |
| trois quarts d'heure | three quarters of an hour |
| une heure | hour |
| une heure et demie | an hour and a half |
| le jour | day |
| la journée | day |
| le lever du soleil | sunrise |
| le matin | morning |
| la matinée | morning |
| midi | noon |
| l'après-midi (m) | afternoon |
| le soir | evening |
| la soirée | evening |
| le coucher du soleil | sunset |
| la nuit | night |
| minuit | midnight |

## être à l'heure/en retard

## being on time/late

| | |
|---|---|
| partir à l'heure | to leave on time |
| être en avance | to be early |
| avoir de l'avance | to be ahead of schedule |
| être à l'heure | to be on time |
| arriver à temps | to arrive in time |
| être en retard | to be late |

| | |
|---|---|
| avoir du retard | to be behind schedule |
| se presser | to hurry |
| être pressé | to be in a hurry |
| se dépêcher | to hurry (up) |

## quand ?                when?

| | |
|---|---|
| quand | when |
| depuis | since |
| lorsque | when |
| avant | before |
| après | after |
| pendant | during |
| tôt | early |
| de bonne heure | early |
| tard | late |
| plus tard | later |
| maintenant | now |
| immédiatement | immediately |
| déjà | already |
| en ce moment | at the moment |
| tout de suite | immediately, straight away |
| soudain | suddenly |
| tout à l'heure | presently, a short while ago |
| bientôt | soon |
| d'abord | first |
| ensuite | then (*next*) |
| enfin | finally |
| alors | then (*at that time*) |
| à ce moment-là | at that time |
| récemment | recently |
| entre-temps | meanwhile |
| longtemps | for a long time |
| il y a longtemps | a long time ago |
| toujours | always |
| jamais | never |
| souvent | often |
| parfois | sometimes |
| de temps en temps | from time to time |
| rarement | rarely |

**quelle heure est-il ?**
what time is it?

**il est deux heures**
it's two o'clock

**avez-vous l'heure (exacte) ?**
do you have the (exact) time?

**à quelle heure part le train ?**
at what time does the train leave?

**il est deux heures environ**
it's about two o'clock

**il est neuf heures pile**
it's nine o'clock exactly

**ma montre avance**
my watch is fast

**ma montre retarde**
my watch is slow

**j'ai mis ma montre à l'heure**
I've set my watch right

**il est trop tôt/tard**
it's too early/late

**avez-vous le temps de lui parler ?**
do you have time to speak to him?

**je n'ai pas le temps de sortir**
I haven't time to go out

**dépêche-toi de t'habiller**
hurry up and get dressed

**ce n'est pas encore l'heure**
it's not time yet

# 56. LA SEMAINE
## THE WEEK

| | |
|---|---|
| lundi | Monday |
| mardi | Tuesday |
| mercredi | Wednesday |
| jeudi | Thursday |
| vendredi | Friday |
| samedi | Saturday |
| dimanche | Sunday |
| le jour | day |
| la semaine | week |
| le weekend | weekend |
| huit jours | a week |
| une quinzaine | fortnight |
| quinze jours | a fortnight |
| une dizaine de jours | (about) ten days |
| aujourd'hui | today |
| demain | tomorrow |
| après-demain | the day after tomorrow |
| hier | yesterday |
| avant-hier | the day before yesterday |
| la veille | the day before |
| le lendemain | the day after |
| le surlendemain | two days later |
| cette semaine | this week |
| la semaine prochaine | next week |
| la semaine passée | last week |
| la semaine dernière | last week |
| lundi passé | last Monday |
| lundi dernier | last Monday |
| lundi prochain | next Monday |
| aujourd'hui en huit | in a week's time, a week today |
| aujourd'hui en quinze | in two weeks' time |
| jeudi en huit | Thursday week |
| hier matin | yesterday morning |
| hier soir | last night (yesterday evening) |

| | |
|---|---|
| **ce soir** | this evening |
| **cette nuit** | last night, tonight |
| **demain matin** | tomorrow morning |
| **demain soir** | tomorrow evening |
| **il y a trois jours** | three days ago |

**dimanche, je suis allé à la piscine**
on Sunday I went to the swimming pool

**le jeudi, je vais à la piscine**
on Thursdays I go to the swimming pool

**je vais à la piscine tous les jeudis**
I go to the swimming pool every Thursday

**il vient me voir tous les jours**
he comes to see me every day

**à demain !**
see you tomorrow!

**à la semaine prochaine !**
see you next week!

# 57. L'ANNEE
THE YEAR

## les mois

| | |
|---|---|
| janvier | January |
| février | February |
| mars | March |
| avril | April |
| mai | May |
| juin | June |
| juillet | July |
| août | August |
| septembre | September |
| octobre | October |
| novembre | November |
| décembre | December |

## the months of the year

| | |
|---|---|
| un mois | month |
| un an | year |
| une année | year |
| un trimestre | term |
| une décennie | decade |
| un siècle | century |
| un millénaire | thousand years |

## les saisons

the seasons

| | |
|---|---|
| la saison | season |
| le printemps | spring |
| l'été (*m*) | summer |
| l'automne (*m*) | autumn |
| l'hiver (*m*) | winter |

## les jours de fête

## festivals

| | |
|---|---|
| un jour férié | holiday (*one day*) |
| Noël | Christmas |
| le jour de l'an | New Year's Day |
| la Saint-Sylvestre | New Year's Eve |
| le réveillon du jour de l'an | New Year's Eve (dinner) |
| Pâques | Easter |
| Vendredi saint | Good Friday |
| Mardi gras | Shrove Tuesday |
| Mercredi des cendres | Ash Wednesday |
| la Pentecôte | Whitsun |
| la Toussaint | All Saints' Day |
| le quatorze juillet | French national holiday (*14th July*) |
| la Saint-Valentin | St Valentine's Day |
| le premier avril | April Fools' Day |

**mon anniversaire est en février**
my birthday is in February

**il pleut beaucoup au mois de mars**
it rains a lot in March

**l'été est ma saison préférée**
summer is my favourite season

**en hiver je fais du ski**
in winter I go skiing

# 58. LA DATE
## THE DATE

| | |
|---|---|
| dater (de) | to date (from) |
| durer | to last |
| le passé | the past |
| le futur | the future |
| l'avenir (*m*) | the future |
| le présent | the present |
| l'histoire (*f*) | history |
| la préhistoire | prehistory |
| l'antiquité (*f*) | antiquity, ancient history |
| le moyen âge | Middle Ages |
| la Renaissance | Renaissance |
| la Révolution (française) | French Revolution |
| le vingtième siècle | twentieth century |
| l'an 2000 | year 2000 |
| la date | date |
| la chronologie | chronology |
| actuel(le) | present, current |
| moderne | modern |
| présent | present |
| passé | past |
| futur | future |
| annuel(le) | annual, yearly |
| mensuel(le) | monthly |
| hebdomadaire | weekly |
| quotidien(ne) | daily |
| journalier, journalière | daily |
| autrefois | in the past |
| jadis | in times past |
| naguère | formerly |
| longtemps | for a long time |
| jamais | never |
| toujours | always |
| parfois | sometimes |
| quand | when |
| lorsque | when |

| | |
|---|---|
| **depuis que** | since |
| **encore** | again, still |
| **à cette époque** | at that time |
| **avant J.C.** | BC |
| **après J.C.** | AD |

**quel jour/le combien sommes-nous ?**
what date is it today?

**c'est/nous sommes le premier juin 1988**
it's the first of June 1988

**c'est/nous sommes le 15/quinze août**
it's the fifteenth of August

**Paris, le 5 avril 1965**
Paris, 5th of April 1965

**il reviendra le 16 juillet**
he'll be back on the 16th of July

**il y a un an qu'il est parti/il est parti depuis une année**
he left a year ago

**il était une fois ...**
once upon a time, there was ...

*See also Section* **57** *YEAR*.

# 59. LES CHIFFRES
NUMBERS

| | |
|---|---|
| **zéro** | zero |
| **un(e)** | one |
| **deux** | two |
| **trois** | three |
| **quatre** | four |
| **cinq** | five |
| **six** | six |
| **sept** | seven |
| **huit** | eight |
| **neuf** | nine |
| **dix** | ten |
| **onze** | eleven |
| **douze** | twelve |
| **treize** | thirteen |
| **quatorze** | fourteen |
| **quinze** | fifteen |
| **seize** | sixteen |
| **dix-sept** | seventeen |
| **dix-huit** | eighteen |
| **dix-neuf** | nineteen |
| **vingt** | twenty |
| **vingt et un** | twenty-one |
| **vingt-deux** | twenty-two |
| **trente** | thirty |
| **quarante** | forty |
| **cinquante** | fifty |
| **soixante** | sixty |
| **soixante-dix** | seventy |
| **soixante et onze** | seventy-one |
| **soixante-douze** | seventy-two |
| **quatre-vingt(s)** | eighty |
| **quatre-vingt-un** | eighty-one |
| **quatre-vingt-dix** | ninety |
| **quatre-vingt-onze** | ninety-one |

| | |
|---|---|
| cent | hundred |
| cent un | hundred and one |
| cent soixante-deux | hundred and sixty-two |
| deux cents | two hundred |
| deux cent deux | two hundred and two |
| mille | thousand |
| mille neuf cent quatre-vingt-dix | nineteen ninety |
| deux mille | two thousand |
| dix mille | ten thousand |
| cent mille | hundred thousand |
| un million | million |
| premier (première) | first |
| dernier (dernière) | last |
| second(e) *or* deuxième | second |
| troisième | third |
| quatrième | fourth |
| cinquième | fifth |
| sixième | sixth |
| septième | seventh |
| huitième | eighth |
| neuvième | ninth |
| dixième | tenth |
| onzième | eleventh |
| douzième | twelfth |
| treizième | thirteenth |
| quatorzième | fourteenth |
| quinzième | fifteenth |
| seizième | sixteenth |
| dix-septième | seventeenth |
| dix-huitième | eighteenth |
| dix-neuvième | nineteenth |
| vingtième | twentieth |
| vingt et unième | twenty-first |
| vingt-deuxième | twenty-second |
| trentième | thirtieth |
| quarantième | fortieth |
| cinquantième | fiftieth |
| soixantième | sixtieth |
| soixante-dixième | seventieth |
| soixante et onzième | seventy-first |

| quatre-vingtième | eightieth |
| quatre-vingt unième | eighty-first |
| quatre-vingt dixième | ninetieth |
| quatre-vingt onzième | ninety-first |
| centième | hundredth |
| cent vingtième | hundred and twentieth |
| deux centième | two hundredth |
| millième | thousandth |
| deux millième | two thousandth |
| | |
| le chiffre | figure |
| le nombre | number |
| le numéro | number (*telephone, house etc*) |

**cent/mille francs**
a/one hundred/thousand francs

**le huitième et le onzième**
the eighth and the eleventh

**un grand nombre d'élèves**
a large number of pupils

**deux virgule trois (2,3)**
two point three (2.3)

**un million de francs français**
one million French francs

**5 359**
5,359

# 60. LES QUANTITES
QUANTITIES

| | |
|---|---|
| calculer | to calculate |
| compter | to count |
| peser | to weigh |
| mesurer | to measure |
| partager | to share |
| diviser | to divide |
| distribuer | to distribute |
| répartir | to share out |
| remplir | to fill |
| vider | to empty |
| enlever | to remove |
| diminuer | to lessen, to reduce |
| augmenter | to increase |
| ajouter | to add |
| suffire | to suffice, to be enough |
| | |
| rien | nothing |
| aucun | no, not any |
| tout | everything |
| tout le/toute la ... | all the ..., the whole ... |
| tous/toutes les ... | all the ..., every ... |
| quelque chose | something |
| quelques | some |
| plusieurs | several |
| chaque | every |
| chacun(e) | everybody |
| un peu | a little |
| un peu de | a little bit of, some |
| peu de | few |
| beaucoup | a lot, much |
| beaucoup de | a lot of, many |
| pas de ... | no ... |
| plus de | no more |
| plus (de) | more |
| moins (de) | less |

| | |
|---|---|
| la plupart (de) | most |
| assez (de) | enough |
| trop (de) | too much/many |
| | |
| environ | about |
| autour de | around |
| à peu près | about |
| plus ou moins | more or less |
| à peine | scarcely |
| tout juste | just |
| tout à fait | absolutely |
| tout au plus | at the most |
| encore | again |
| seulement | only |
| au moins | at least |
| la moitié (de) | half |
| le/un quart (de) | a quarter (of) |
| un tiers | a third |
| et demi(e) | and a half |
| un et demi | one and a half |
| deux tiers | two thirds |
| trois quarts | three quarters |
| le tout | the whole |
| | |
| rare | rare |
| nombreux (nombreuse) | numerous |
| innombrable | innumerable |
| suffisant | enough |
| superflu | excessive |
| égal | equal |
| inégal | unequal |
| plein | full |
| vide | empty |
| seul | single |
| double | double |
| triple | treble |
| | |
| un tas (de) | a heap/lots (of) |
| une pile (de) | a stack (of) |
| un morceau (de) | a piece (of) |

| | |
|---|---|
| **une tranche (de)** | a slice (of) |
| **une pièce (de)** | a piece (of) |
| **un verre (de)** | a glass (of) |
| **une bouteille (de)** | a bottle (of) |
| **une assiette (de)** | a plate (of) |
| **une boîte (de)** | a box/tin (of) |
| **un paquet (de)** | a packet (of) |
| **une bouchée (de)** | a mouthful (of) (*food*) |
| **une gorgée (de)** | a mouthful (of) (*drink*) |
| **une cuillerée (de)** | a spoonful (of) |
| **une poignée (de)** | a handful (of) |
| **une paire (de)** | a pair (of) |
| **un grand nombre de** | a large number of |
| **une foule (de)** | lots/a crowd (of) |
| **la part** | share |
| **une partie (de)** | part (of) |
| **la moitié** | half |
| **un tiers** | third |
| **un quart** | quarter |
| **une douzaine** | dozen |
| **une demi-douzaine (de)** | half a dozen |
| **une centaine (de)** | about a hundred |
| **des centaines** (*f*) | hundreds |
| **un millier (de)** | about a thousand |
| **des milliers** (*m*) | thousands |
| **le reste (de)** | the rest/remainder (of) |
| **la quantité** | quantity |
| **le nombre** | number |
| **l'infini** (*m*) | infinity |
| **la moyenne** | average |
| **un calcul** | calculation |
| **le poids** | weight |

| **poids et mesures** | weights and measurements |
|---|---|
| un gramme | gramme |
| une livre | half kilo |
| un kilo | kilo |
| une tonne | 1000 kg, tonne |
| un litre | litre |
| un centimètre | centimetre |
| un mètre | metre |
| un kilomètre | kilometre |

*See also Section* **59 NUMBERS**.

# 61. LES QUALITES
## DESCRIBING THINGS

| | |
|---|---|
| une chose | thing |
| un machin | thing |
| un truc | thing |
| une sorte de | a kind of |
| la grandeur | size |
| la taille | size |
| la largeur | width, breadth |
| la hauteur | height |
| la profondeur | depth |
| la beauté | beauty |
| la laideur | ugliness |
| l'aspect (*m*) | appearance |
| la forme | shape |
| la qualité | quality |
| le défaut | drawback |
| l'avantage (*m*) | advantage |
| le désavantage | disadvantage |
| l'inconvénient (*m*) | disadvantage |
| | |
| grand | tall, big |
| petit | small |
| énorme | enormous |
| minuscule | tiny |
| microscopique | microscopic |
| large | wide |
| étroit | narrow |
| épais(se) | thick |
| gros(se) | big, large, fat |
| mince | thin, slim |
| maigre | thin |
| plat | flat |
| profond | deep |
| peu profond | shallow |
| long (longue) | long |
| court | short |

| | |
|---|---|
| **haut** | high |
| **bas(se)** | low |
| **beau (belle)** | lovely, beautiful |
| **bon(ne)** | good |
| **meilleur** | better |
| **le meilleur** | the best |
| **important** | important |
| **principal** | main |
| **joli** | pretty |
| **merveilleux (merveilleuse)** | marvellous |
| **formidable** | great, terrific |
| **chouette** | great |
| **sensationnel(le)** | great, terrific |
| **magnifique** | magnificent |
| **grandiose** | imposing |
| **superbe** | superb |
| **fantastique** | fantastic |
| **remarquable** | remarkable |
| **surprenant** | surprising |
| **extraordinaire** | exceptional |
| **normal** | normal |
| **varié** | varied |
| **bizarre** | strange |
| **étrange** | strange |
| **excellent** | excellent |
| **parfait** | perfect |
| **laid** | ugly |
| **mauvais** | bad |
| **médiocre** | mediocre |
| **pire** | worse |
| **le pire** | the worst |
| **abominable** | abominable |
| **épouvantable** | appalling |
| **affreux (affreuse)** | dreadful |
| **exécrable** | atrocious |
| **léger (légère)** | light |
| **lourd** | heavy |
| **dur** | hard |
| **ferme** | firm |
| **solide** | solid, sturdy |

| | |
|---|---|
| **mou (molle)** | soft, limp |
| **doux (douce)** | soft |
| **tendre** | tender |
| **délicat** | delicate |
| **fin** | fine |
| **lisse** | smooth |
| **chaud** | hot, warm |
| **froid** | cold |
| **tiède** | lukewarm, tepid |
| **sec (sèche)** | dry |
| **mouillé** | wet |
| **humide** | damp |
| **liquide** | liquid, runny |
| **simple** | simple |
| **compliqué** | complicated |
| **difficile** | difficult |
| **facile** | easy |
| **possible** | possible |
| **impossible** | impossible |
| **pratique** | practical, handy |
| **utile** | useful |
| **inutile** | useless |
| **nécessaire** | necessary |
| **essentiel(le)** | essential |
| **vieux (vieille)** | old |
| **ancien(ne)** | ancient |
| **neuf (neuve)** | new |
| **nouveau (nouvelle)** | new |
| **moderne** | modern |
| **démodé** | out of date |
| **frais (fraîche)** | fresh, cool |
| **propre** | clean |
| **sale** | dirty |
| **dégoûtant** | disgusting |
| **courbe** | curved |
| **droit** | straight |
| **rond** | round |
| **circulaire** | circular |
| **ovale** | oval |

| | |
|---|---|
| rectangulaire | rectangular |
| carré | square |
| triangulaire | triangular |
| allongé | oblong, elongated |
| très | very |
| trop | too |
| plutôt | rather |
| assez | quite |
| bien | well |
| mal | badly |
| mieux | better |
| le mieux | the best |
| de première qualité | of top quality |
| de mauvaise qualité | of poor quality |

**à quoi ça sert ?**
what's it for?

*See also Section* **62 COLOURS**.

# 62. LES COULEURS
## COLOURS

| | |
|---|---|
| **la couleur** | colour |
| **argenté** | silver |
| **beige** | beige |
| **blanc(he)** | white |
| **bleu** | blue |
| **bleu ciel** (*same f*) | sky blue |
| **bleu marine** (*same f*) | navy blue |
| **bleu roi** (*same f*) | royal blue |
| **brun** | brown |
| **chair** (*same f*) | flesh-coloured |
| **doré** | gold, golden |
| **gris** | grey |
| **jaune** | yellow |
| **marron** (*same f*) | brown |
| **mauve** | mauve |
| **noir** | black |
| **or** (*same f*) | gold, golden |
| **orange** | orange |
| **orangé** | orange |
| **rose** | pink |
| **rouge** | red |
| **turquoise** | turquoise |
| **vert** | green |
| **violet(te)** | purple |
| | |
| **sombre** | dark |
| **vif (vive)** | vivid |
| **pâle** | pale |
| **uni** | plain |
| **multicolore** | multicoloured |
| **clair** | light |
| **foncé** | dark |
| **vert clair** (*same f*) | light green |
| **vert foncé** (*same f*) | dark green |

# 63. LES MATERIAUX
## MATERIALS

| | |
|---|---|
| **véritable** | real |
| **naturel(le)** | natural |
| **synthétique** | synthetic |
| **artificiel(le)** | artificial |
| **la matière** | material, substance |
| **la composition** | composition |
| **la substance** | substance |
| **la matière première** | raw material |
| **un produit** | product |
| **la terre** | earth |
| **l'eau** (*f*) | water |
| **l'air** (*m*) | air |
| **le feu** | fire |
| **la pierre** | stone |
| **la roche** | rock |
| **le minerai** | ore |
| **le minéral** | mineral |
| **les pierres précieuses** (*f*) | precious stones |
| **le cristal** | crystal |
| **le marbre** | marble |
| **le granit** | granite |
| **le diamant** | diamond |
| **l'argile** (*f*) | clay |
| **le pétrole** | oil, petroleum |
| **le gaz** | gas |
| **le gaz naturel** | natural gas |
| **le métal** | metal |
| **l'aluminium** (*m*) | aluminium |
| **le bronze** | bronze |
| **le cuivre** | copper |
| **le laiton** | brass |
| **l'étain** (*m*) | tin, pewter |
| **le fer** | iron |
| **l'acier** (*m*) | steel |

| | |
|---|---|
| **le plomb** | lead |
| **l'or** (*m*) | gold |
| **l'argent** (*m*) | silver |
| **le fil de fer** | wire |
| **le bois** | wood |
| **le pin** | pine |
| **l'osier** (*m*) | cane, wickerwork |
| **la paille** | straw |
| **le bambou** | bamboo |
| **le contre-plaqué** | plywood |
| **le béton** | concrete |
| **le ciment** | cement |
| **la brique** | brick |
| **le plâtre** | plaster |
| **le mastic** | putty |
| **la colle** | glue |
| **le verre** | glass |
| **le carton** | cardboard |
| **le papier** | paper |
| **le plastique** | plastic |
| **le caoutchouc** | rubber |
| **la terre cuite** | earthenware |
| **la porcelaine** | porcelain, china |
| **le grès** | stoneware, sandstone |
| **la cire** | wax |
| **le cuir** | leather |
| **la fourrure** | fur |
| **le daim** | suede |
| **l'acrylique** (*m*) | acrylic |
| **le coton** | cotton |
| **la dentelle** | lace |
| **la laine** | wool |
| **le lin** | linen |
| **le nylon** | nylon |
| **le polyester** | polyester |
| **la pure laine vierge** | pure new wool |
| **la soie** | silk |
| **le tissu synthétique** | synthetic/man-made material |
| **la toile** | canvas |
| **la toile cirée** | oilcloth |

| | |
|---|---|
| **le tweed** | tweed |
| **le cachemire** | cashmere |
| **le velours** | velvet |
| **le velours côtelé** | cord |

**cette maison est en bois**
this house is made of wood

## 64. LES DIRECTIONS
DIRECTIONS

| | |
|---|---|
| **demander** | to ask |
| **indiquer** | to show, to point out |
| **montrer** | to show |
| **prenez** | take, follow |
| **continuez** | keep going |
| **suivez** | follow |
| **passez devant** | go past |
| **tournez** | turn |
| **retournez** | go back |
| **reculez** | reverse |
| **tournez à droite** | turn right |
| **tournez à gauche** | turn left |

## la direction
directions

| | |
|---|---|
| **la gauche** | left |
| **la droite** | right |
| **à gauche** | on/to the left |
| **à droite** | on/to the right |
| **tout droit** | straight ahead |

## les points cardinaux
the points of the compass

| | |
|---|---|
| **le sud** | south |
| **le nord** | north |
| **l'est** (*m*) | east |
| **l'ouest** (*m*) | west |
| **le nord-est** | north-east |
| **le sud-ouest** | south-west |
| **où** | where |
| **devant** | in front of |
| **derrière** | behind |

| dessus | over, on top |
|---|---|
| dessous | under |
| à côté de | beside |
| en face de | opposite |
| au milieu de | in the middle of |
| le long de | along |
| au bout de | at the end of |
| entre | between |
| après | after |
| après les feux | after the traffic lights |
| juste avant | just before |
| pendant ... mètres | for ... metres |
| au prochain carrefour | at the next crossroads |
| la première à droite | first on the right |
| la deuxième à gauche | second on the left |

**pouvez-vous m'indiquer comment aller à la gare ?**
can you tell me how to get to the station?

**est-ce loin d'ici ?**
is it far from here?

**à dix minutes d'ici**
ten minutes from here

**à 100 mètres d'ici**
100 metres away

**à gauche de la poste**
to the left of the post office

**au sud de Bordeaux**
south of Bordeaux

# INDEX

# INDEX

# INDEX

# INDEX

# INDEX

# INDEX

# INDEX

# INDEX

# INDEX